岗位技能培训手册系列

店长岗位培训手册

弗布克培训运营中心
编著

U0319644

化学工业出版社

·北京·

内容简介

《店长岗位培训手册》是一本"拿来即用"的培训手册。"拿来即学""拿来即参""拿来即改""拿来即查"是本书的特色。

本书在新零售的背景下，通过流程、步骤、制度、方案、方法等将门店管理工作细化，涵盖了门店选址、规划布局、形象管理、商品管理、促销管理、销售与售后管理、客户管理、营运管理、团队建设等门店管理中的全新内容，面面俱到，形成一套切实可行的门店精细化管理体系，让培训者一学就会、一做就对。

本书适合门店管理人员、门店管理培训人员、门店培训咨询机构等门店经营相关从业者阅读和使用。

图书在版编目（CIP）数据

店长岗位培训手册/弗布克培训运营中心编著. —北京：
化学工业出版社，2023.1

（岗位技能培训手册系列）

ISBN 978-7-122-42648-2

Ⅰ.①店… Ⅱ.①弗… Ⅲ.①商店-商业管理-岗位培训-
技术手册 Ⅳ.①F717-62

中国国家版本馆 CIP 数据核字（2023）第 001009 号

责任编辑：王淑燕
文字编辑：张　龙
责任校对：宋　夏
装帧设计：史利平

出版发行：化学工业出版社
　　　　　（北京市东城区青年湖南街 13 号　邮政编码 100011）
印　　装：大厂聚鑫印刷有限责任公司
710mm×1000mm　1/16　印张 12¾　字数 229 千字
2023 年 5 月北京第 1 版第 1 次印刷

购书咨询：010-64518888
售后服务：010-64518899
网　　址：http://www.cip.com.cn
凡购买本书，如有缺损质量问题，本社销售中心负责调换。

定　　价：69.00 元

"十四五"时期，中国大力实施"技能中国行动"，健全技能人才培养、使用、评价、激励制度，健全"技能中国"政策制度体系和实施"技能提升""技能强企""技能激励""技能合作"四大行动。

技能是强国之基、立业之本。在"技能提升"和"技能强企"行动中，每个企业的每个岗位人员，都需要不断强化岗位技能，提升工作能力，为企业创造价值贡献力量。为此，基于岗位，立足业务，面向管理，我们推出了这套"岗位技能培训手册系列"图书。

我们将业务内容和管理目标都细化为流程、步骤、表单、制度、方案、规程、报告、办法等，以达到"拿来即学""拿来即参""拿来即改""拿来即查"的目的，从而达成"拿来即用"的目标。

《店长岗位培训手册》是此系列图书中的一本。通过方法、办法、流程、步骤、措施等将店长管理工作逐一细化，涵盖了门店选址、规划布局、形象管理、商品管理、促销管理、销售与售后管理、客户管理、营运管理、团队建设等门店管理中的全新内容。

本书对店长工作有 4 大帮助。

1. 助力成长。本书将店长的各项工作逐一讲解，说方法，讲技巧，谈措施，实效，实际，实用，有助于店长经营水平和管理水平的双提升。

2. 解决问题。本书通过流程、步骤、问题，将各种业务逐一拆解，关注节点、注重细节、提炼问题，提供了可以参照的模板，店长可以参考、参照、借鉴，制定出自己门店业务运营的流程、步骤，不断解决运营问题。

3. 升级管理。本书通过业务经验、管理经验、管理方法、管理措施、管理流程、管理制度、实施步骤等将管理技能逐一细化、落地，直接将管理转化为运营力，有助于店长管理能力的提升。

4. 培训店员。本书提供的内容，有助于店长直接用于对店员的培训，且本书配备了店长可以直接使用的电子课件。

"拿来即学""拿来即参""拿来即改""拿来即查"，这样的内容设计，符合培训教材的编写诉求，可以让读者很快掌握岗位工作的方法、技巧，并快速应用到自己的岗位工作和管理业务上去。从这个意义上讲，这是一套"拿来即用"的培训手册。

本书的电子课件可免费提供给采用本书作为培训教材的教师使用，如有需要请联系：357396103@qq.com，欢迎广大读者提出宝贵意见，以供改版时修正。

弗布克培训运营中心
2022 年 10 月

第3章　门店商品管理　　　　033

第 6 章　门店客户管理　　142

第 7 章　门店营运管理　　152

第 1 章

店长的角色定位

1.1

店长的角色定位

店长是一个门店中的最高负责人，随着大批连锁店和自营门店的出现，店长这个职业在商品经济的大潮中开始引发广泛关注，一个门店经营成功与否在很大程度上取决于店长的素质与能力。

1.1.1 新零售对店长的要求

随着社会经济的发展，大数据和云技术日渐成熟，新零售的商业模式应运而生，在此背景下，新零售对店长的能力要求越来越高，店长不仅要有传统零售学素养，更要有新零售的思维，以顺应时代发展。因此，店长需要具备的能力要求如表1-1所示。

表1-1　店长需要具备的能力要求

序号	能力	要　　求
1	领导力	加强精细化管理，为门店确定明确、具体、具有可操作性的目标，以身作则，引领员工高效完成任务
2	思考力	在门店经营过程中学会观察、记忆、想象、探究、判断等，能够独立思考，梳理出一套分析的框架，并能够给出解决问题的方案
3	执行力	确定门店目标之后，要统筹安排，能够进行强有力的行动并长久地坚持下来
4	学习力	拥有学习动力和学习毅力，并具备持续学习的能力，不断提高自身综合素质
5	创新力	根据市场需求，结合业态特点，寻求创新思路突破，增强门店活力和竞争力

1.1.2 角色定位

门店的核心是店长，作为一名优秀的店长，只有准确定位角色，清晰了解角色功能和工作职责，才能更好地开展相应工作，培养高效团队，推动门店营业额持续增长。店长的角色定位如图1-1所示。

店长是门店的领导者和管理者，是员工的培训者，是门店业务的执行者，是团队士气的激励者，是团队的建设者，是制度实施的监督者，是员工绩效的考核者，是活动的策划者和组织者。

图 1-1　店长的角色定位

店长的"7好"工作

　　店长在门店经营管理中起着承上启下的作用，总的来说，店长的核心工作就是经营管理，管理人员、商品、营销、收款、客户、信息等。门店发展越快，对店长的要求就越高，店长在负责繁杂工作的同时又要确保各种经营目标的实现。

1.2.1　做好业绩

　　业绩管理是管理领域的重要一环，立足于门店总体层面的战略目标，通过对门店服务宗旨、使命愿景、战略目标的贯彻，将企业的战略目标细化为门店员工的工作目标，促使员工在规定时间内完成个人业绩，实现门店业绩最大化。

　　（1）业绩管理的步骤

　　"业绩至上"是每个门店发展的原始推动力，是门店存在、发展的根本所在，在这个过程中离不开每一位员工的力量和才智。业绩管理的步骤图如图 1-2 所示。

　　（2）业绩总结

　　业绩总结是指门店对某段时期的工作业绩成果进行回顾后，分析取得业绩成果的原因及评价业绩成果的效用。门店在进行

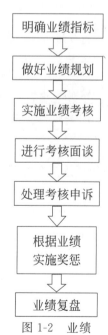

图 1-2　业绩管理的步骤图

业绩总结时，以销售业绩为例。销售业绩统计表如表 1-2 所示。

表 1-2　销售业绩统计表

姓名：				填表日期：　　年　月　日	
项目业绩 月份	销售业绩(元)		回款业绩(元)		客户管理	
	计划	实际	计划	实际	上月客户数量	本月客户数量
1月						
2月						
……						
业绩综合 评价	下降 ××%	上升 ××%	下降 ××%	上升 ××%	同比增加 ××%	同比增加 ××%

1.2.2　建好团队

人员管理是店长工作的核心，合理有效的人员管理，有利于凝聚团队力量，形成内部的良性竞争，增强员工积极性，最大限度地发挥员工的潜能，提高经济效益。

（1）人员任务安排

因事设岗，因岗用人，保证人尽其用，避免权责交叉或空白。根据员工性格、特长、工作能力的不同合理分配工作任务，做到有的放矢，有效提高门店经营效率；根据门店的客流量雇佣适量兼职，安排基本工作任务，降低人员成本。员工任务安排如图 1-3 所示。

图 1-3　员工任务安排

（2）排班

排班不仅要符合国家各项法律规定，还涉及员工的利益，直接影响门店服务顾客的水平和人力资源成本，具体排班步骤要求如下。

① 调查现在排班情况。排班前，首先要参考上一个阶段的排班情况，特别是对上一阶段的排班不足、排班过多的情形及时进行调整。

② 初步排班。

a. 充分考虑影响员工排班的因素，并初步排出科学合理的班次。员工排班影响因素如图 1-4 所示。

b. 针对员工排班主要的影响要素进行具体可执行的排班安排，员工排班具体安排如表 1-3 所示。

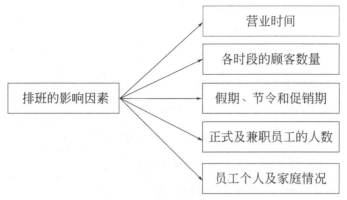

图 1-4　员工排班影响因素

表 1-3　员工排班具体安排

序号	影响因素	排班安排
1	营业时间	① 在排班时要先结合门店的营业时间,安排 2～3 个班次,并根据工作特点,错开排班 ② 工作安排责任到人,严格按照相关时间节点,提出明确工作要求
2	各时段的顾客数量	① 一天中各个时段顾客光顾数量不同,根据轻重缓急,合理科学安排班次和员工数 ② 在高峰时段安排较多的员工以舒缓门店压力,在顾客较少时段安排较少员工以节约门店成本
3	假期、节令和促销期	节假日或者门店实施促销计划期间,顾客众多,必须因时制宜,在排班上及时做一些更改,或设法将员工的休假调开
4	正式及兼职员工的人数	在安排班次及员工人数时,受限于现有的正式和兼职员工的人数。因此,每一班次都必须有正式人员值班,在高峰时段或节假日,则可弹性安排兼职人员,以配合营业需要
5	员工个人及家庭情况	充分考虑员工个人和家庭情况,体现人性化管理,建立符合自己门店的工作标准和排班安排

　　c.调整排班。结合门店实际情况,对排班做进一步的调整。最后,确定并张贴在公布栏或打卡签到处,以便员工查阅。

　　（3）日常巡查

　　日常巡查是店长日常工作的重要环节,有效巡查能够完整掌握门店信息,从而做出合理安排,促使门店向高效率、高品质、高服务方向发展。店长日常巡查事项如表 1-4 所示。

表 1-4　日常巡查事项

岗位编号		岗位名称		任职者姓名	×××
序号		巡查内容		检查情况	
1		门店的卫生是否干净整洁			
2		烟雾报警器、应急照明、逃生疏散标志是否齐备			
3		消防设施和器材是否被圈占、损害、挪用、遮挡			
4		设备、灯光、商品陈列等是否存在问题			
5		POP 海报、旗帜或其他促销工具、户外广告是否整洁			
6		员工是否提前做好营业准备			
7		商品品质、服务是否良好			
8		商品是否需要紧急补货			
9		标签与商品是否对应			
10		检查销售数据、库存、物料、报表			
11		当日营业状况是否异常			
12		门店支出情况是否异常			
13		员工是否存在迟到、早退、请假情况			
14		员工仪容仪表、精神面貌、工作状态是否符合规定			
15		是否存在用电、用水浪费等情况			
16		是否存在可疑人员			
17		协助解决顾客在消费中遇到的问题			

1.2.3　管好商品

管好商品即做好有关门店内商品所有作业的管理，管理商品的好坏是考核店长管理能力的重要标准。其中包括进货、展示、存货、退换货等。

（1）进货

一方面店长要严格把控进货渠道，综合考虑各方情况，选择优质低价的渠道，节省进货成本，每天记录进货日报表；另一方面要密切关注市场动态，与时俱进，提高更新商品的速度，缩短进货周期，及时补货，增加顾客购买频率。进货日报表如表 1-5 所示。

表 1-5　进货日报表

填表人：						填表日期：　年　月　日
序号	货物名称	规格	型号	进货数量	进货金额	进货人
1						
2						
3						
…						
备注						

（2）展示

商品展示是店面广告的一个重要形式，在一定程度上决定着门店的销售情况。一般来说，商品展示遵循的原则如表 1-6 所示。

表 1-6　商品展示遵循的原则

序号	原则	具体叙述
1	整洁有序	对于门店商品、展示样品及陈列的道具、展台、货架等设施，都应实行动态管理，达到整齐、清洁、有序的要求
2	丰富多样	尽可能地将同类商品中的不同规格、花色、款式的商品品种都展示出来，给顾客留下商品丰富好印象的同时激发购买欲望
3	美观悦目	商品展示力求格调一致，色彩搭配合理，让人赏心悦目；摆放方法要尽可能归类摆放或适度穿插排列，在不影响美观的前提下，将滞销的商品摆在旺销的商品之中，以促进销售
4	设立主题并依主题陈列	在商店内创造出一个场景，表现一定内涵，使顾客产生一种新奇的感觉，并愿意欣赏和自由选择，让门店具有生命力
5	方便购买	除要求商品陈列整洁、丰富、美观外，最主要的是为顾客提供方便，便于顾客寻找、选择和拿取

（3）存货

在保证门店正常运营的前提下，合理有效控制库存，掌握库存量的动态，减少库存空间占用，有利于整体经营和管理水平的进步，推动门店整体素质的提升，加快资金周转，提高门店的销售能力。在分析存货时，借助存货分析报表，从以下方面去分析。

① 存货占总资产的比重。防止库存不合理，虚耗资金占用，节约存货成本。

② 存货的结构。可以通过查询库存余额，从时间、库存量等维度进行联动分析，全面掌握存货结构。

③ 存货周转率。

$$存货周转率 = \frac{营业成本}{(期初存货＋期末存货)/2}$$

一般情况下，存货周转率越高，商品销量越好，同时还可以结合毛利率、存货报酬率等进行分析。

（4）退换货

当顾客退换货时，应先安抚顾客的情绪，在确保门店正常营业的同时按照步骤流程处理顾客的退换货要求，争取取得顾客的信任，提高顾客满意度。具体步骤如下。

① 安抚顾客，有礼貌、有耐心地询问顾客要求退换商品的原因。

② 保持微笑，仔细聆听顾客的说明，认真观察顾客的举动和神态，注意顾客的情绪，判断顾客的不满程度及退换态度。

③ 礼貌地请顾客出示购物小票和发票，并检查顾客带回的货品是否完好。

④ 如果符合退换标准，按照退换货处理原则填制退换货申请单，协助办理相关手续。如不符合退换标准，则采取比较委婉的方法做出相应处理。退换货申请单如表 1-7 所示。

表 1-7　退换货申请单

商店名称：			区位号：			日期：	
顾客姓名		性别		年龄		电话	
联系地址						邮编	
证件名称			证件号码				
购买地点			购买时间				
商品名称			规格		批号		
商品问题							
情况陈述							
建议处理办法				申请人：			
导购（售后）主管意见							
营运经理意见							

1.2.4　做好营销

营销管理是指为了实现门店经营目标，建立和保持与目标客户之间的互利交换关系，而进行分析、规划、实施和控制。

（1）营销

所谓"营销"即"销"为主，"营"为辅，二者相辅相成。一个门店营销管理其实就是围绕麦卡锡在《营销学》一书中提出的营销组合（4P）的四个要素，即产品、价格、分销、促销来进行，具体如图1-5所示。

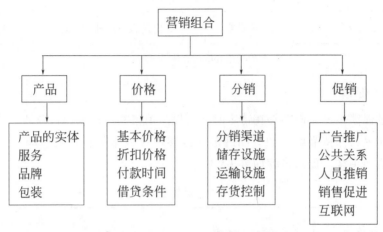

图1-5　4P策略

营销贯穿门店经营的全过程，只要是与门店经营相关的活动都与营销有关，营销的成功与否与门店利润息息相关。门店营销的具体步骤如表1-8所示。

表1-8　门店营销的具体步骤

序号	步骤	具体内容
1	制定营销战略	① 制定营销战略
		② 根据企业战略确定营销战略
2	制订营销计划	① 明确营销目标
		② 市场部提供市场情况
		③ 门店积极上报营销情况
		④ 根据市场情况制订营销计划
3	营销计划审核与检验	① 确定初步营销计划
		② 营销经理审批
4	营销计划分解与执行	① 分解营销计划
		② 制订任务完成计划
		③ 执行营销计划
		④ 营销计划完成情况跟踪

（2）销售

销售的目的就是完成门店目标，实现门店利润。销售管理包括制订销售计划、渠道管理、产品促销、提高销售业务、财务管理、销售分析等核心内容。销售人员是销售工作的主体，是门店和客户之间沟通的桥梁，销售步骤如图1-6所示。

图 1-6　销售步骤

（3）促销

通过促销，一方面能够在特定时期内提高销售额，达成销售业绩；另外一方面能够建立并保持品牌形象，品牌形象能够形成战略优势，吸引顾客并鼓励购买，招揽回头客。促销步骤如表1-9所示。

表 1-9　促销步骤

序号	步骤	细分步骤
1	策划促销活动	① 进行促销调查
		② 策划促销活动
2	准备促销	① 前期工作准备
		② 促销人员个人准备
3	引起顾客的注意和兴趣	① 接近顾客
		② 引起顾客的兴趣
4	激发顾客的购买欲望	① 进行商品说明与示范
		② 观察顾客对商品的态度并激发购买欲望
5	促成交易	① 捕捉顾客的购买信号
		② 建议顾客购买
6	提升顾客购买后的满意度	① 安排付款与送货
		② 提供售后服务
7	建立相关档案	① 搜集信息
		② 信息整理与建档
8	总结促销活动	① 结束促销活动
		② 总结促销活动情况
9	处理卖场危机	① 危机的预防
		② 处理卖场危机

1.2.5　管好钱款

收款管理作为门店对外的窗口，是门店经营中的重要业务环节，是门店是否正常运营的关键所在，也是容易出现风险的环节，因此，加强收款管理至关重要。

门店所有收款管理工作具体安排如下。

① 收款员工必须严格遵守门店规章制度和收银操作流程，熟练操作收银机，服从工作安排。

② 收款员工工作期间必须穿统一工作服，在岗时身上不得携带任何钞票，一经发现视作弊处理。

③ 收款员工无权将任何单据或商品编码作废或涂改。

④ 收款员工负责保管的所有单据，如发现遗失，或涂改未经主管签字认可的，均视为作弊并责令赔偿。

⑤ 收款员工负责整理自己收取的现金、信用卡购物单及转账支票，并及时打印收款日报表，加盖个人名章，以便登记查账。

⑥ 收款员工收取现金时，必须迅速准确地辨别真伪，收取支票时必须仔细审查。

⑦ 收款员工有事离开收银台时，必须及时将收银机退出销售状态，并将钱箱锁好，通知主管领导。

1.2.6　留好客户

在新零售背景下，传统的价格竞争已经很难使门店获得长久的竞争优势，市场的竞争焦点已经从产品竞争转向品牌、服务、客户等资源的竞争，培育和维护忠诚的客户群体已成为我国零售业赢得生存空间和市场制胜的必然选择。客户管理的步骤如下。

（1）采集客户数据，建立客户档案

对客户数据的采集，首先要保证客户提供的信息真实，将信息填入客户信息登记表中，并在此过程中需要对客户信息进行分类汇总，同时在采集数据时如果发现高价值客户应先采取措施留住客户。客户信息登记表如表1-10所示。

（2）做好客户分类

不同的客户群体具有不同的价值潜力，可以先将客户分为线上客户和线下客户，对不同的客户群体进行精细化管理，有助于将有限的资源定位在正确的客户身上，分析客户需求，制定不同的跟进方式并给予不同的优惠。

表 1-10　客户信息登记表

序号：						登记日期：		年 月 日	
姓名		性别		年龄		职业		收入	
联系电话				身份证号					
户籍所在地				现居住地址					
邮箱				婚姻状况		□未婚	□已婚	□离异	
购物频次									
客户需求									
备注									

① 重要客户。已经进行多次购买并仍然有明确购买需求的客户，对品牌忠诚度高，讲究服务品质，对价格敏感度低。

② 意向客户。有需求，但不是当前需要，可能过一段时间才会提出需求的客户。

③ 潜在客户。未明确提出需求，但是对产品保持一定兴趣的人。

（3）保持与客户之间的联系

在进行客户管理时，要始终保持与客户之间的联系，多与客户进行沟通交流。

1.2.7　用好数据

作为店长需要进行数据管理，并运用分析工具对客观、真实、有效的信息进行科学分析，将分析结果运用到运营、销售等各个环节中。简而言之，就是从日常经营中发现问题。信息管理具体从以下两个方面入手。

（1）销售信息

销售信息是指商品进入市场的渠道、市场占有率、消费者需求情况、消费者对产品的反应以及同业产品在市场的有关情况综合形成的信息。销售信息分为即时销售信息和定期销售信息。销售信息重点如表 1-11 所示。

表 1-11　销售信息重点

序号	具体说明	详细描述
1	商品销售日报表	可以反映日销售总额、销售比重、来客总数、平均购买额等
2	商品销售排行榜	可以用来分析商品受欢迎程度，调整广告和促销策略
3	促销效果表	可以反映销售活动中的销售额变化率、顾客增加率等
4	费用明细表	主要反映各项费用的金额和所占费用总额的比重等资料
5	盘点记录表	记录反映各部门商品存货额和周转率

（2）工作总结信息

店长需要在第一时间了解工作总结信息，让员工在规定时间内提交报告，并对信息加以分类汇总处理，便于运用到工作决策中。工作总结信息表如表 1-12 所示

表 1-12　工作总结信息表

姓名		部门	
职务		日期	
本周工作执行与目标达成情况			
重要工作达成情况及自评			
下周工作计划			
部门负责人审核			
备注			

第 2 章

门店选址与形象管理

2.1

选址：在哪开店很重要

门店选址选得好，商品才能卖得更好。选址具有战略重要性，店址可以用来建立可持续性竞争战略，吸引顾客；选址具有风险性，当选择一处店址时，必然会进行购买投资和开发不动产，成本高昂，因此，选址决策必然是十分慎重的。

2.1.1　门店选址的 7 个步骤

在哪里开设门店是非常关键的。一个好的店铺位置，可以大大降低运营成本，提高客流量，增加店铺收益。选址步骤如图 2-1 所示。

2.1.2　门店选址的 5 个技巧

选对店址，生意兴隆；选错店址，经营亏损。选址具有重要的战略意义，是一个复杂的决策过程，为门店选择好的店址是科学也是艺术。在选址时必须考虑人流量、购买力、购买率、顾客进店比等。选址技巧如表 2-1 所示。

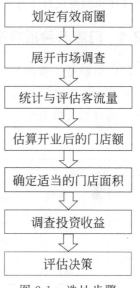

图 2-1　选址步骤

表 2-1　选址技巧

序号	技巧	具体说明
1	能省则省	衡量合适的租金占比，月租金尽量低于店面营业额的 15％
2	店址易到达	店铺门口不宜有台阶或斜坡，门前道路不应该阻碍顾客行走，要在路人易停留的地方开店
3	店址无阻碍	尽量选择能见度高，不被周围建筑物、广告牌、树木等遮盖的地方开店
4	重客流非人流	人流量固然重要，但店铺的核心是精准的流量，也就是该地段的人流量是不是客户销售产品的有效客流量
5	重人流非车流	如果门店门前的车辆车速超过 50km/h，尽量不要选

2.2

形象：首要的是吸引顾客注意

现在的顾客不仅关注购买的商品，还注重体验过程，因此门店要注重形象管理。门店形象管理由外部和内部两部分组成，外部设计包括建筑形式、入口设计、招牌设计和橱窗设计4部分；内部设计包括色彩、灯光、音乐、背景装饰4部分。

2.2.1 门店5种招牌设计

门店招牌是一条街乃至一座城市的门面，其承担吸引顾客，活跃市场的重任。好的门店招牌设计能够最大限度地凝练信息，传递情感，满足人们基本需求服务的同时给人以美的享受。招牌的种类如表2-2所示。

表2-2 招牌的种类

序号	种类	具体描述
1	广告塔	在门店建筑顶部树立广告牌
2	横置招牌	在门店正门处安置的招牌
3	壁面招牌	放置在门店正面两侧的墙壁上，通常为灯箱式
4	立体招牌	旋转在门店前的人行道上的招牌
5	遮幕式招牌	在门店遮阳棚上施以文字、图案等

研究表明，眼睛与地面的垂直距离为1.5m左右，以该视线为中心上下25°～30°范围为人们视觉的最佳区域。门店招牌设计应该遵循的原则如表2-3所示。

表2-3 门店招牌设计原则

序号	原则	具体描述
1	经济性	门店招牌应当符合经济环保、节能减排的原则，减少浪费，材料选择得当
2	美观性	注意色彩搭配，颜色协调，色彩美学应大众化、超前化、自然化、大气化、品牌化
3	耐久性	选择材料尽量能够抵御外界自然现象，不易变形褪色，反光强度好
4	独特性	门店招牌要标新立异、与众不同，让顾客一看到就能有视觉上的震撼感和情感共鸣
5	适合性	准确体现经营范围和特点，表现门店特性和内涵，通俗易懂。门店设计要与周边环境相适应，因地制宜，融会贯通，不显突兀

2.2.2　门脸形象设计要注意的 6 个问题

门脸既是装饰门店的重要手段，也是一种重要的广告形式，不仅能够彰显店面的气质和品位，更是招揽顾客的一种手段。门脸呈现的方式多种多样，不同的风格、材质、颜色、字体等搭配组合出不同的效果。在设计门脸形象时应该注意如表 2-4 的问题。

表 2-4　设计门脸形象注意的问题

序号	注意问题	具体描述
1	门脸形象是否协调	突显商店的营业性质，准确体现经营范围及特点，与经营内容和主题协调
2	门脸形象是否统一	全面整合，利用橱窗、门头、招牌等各个装饰构成元素进行统一设计，反映门店特色
3	门脸形象是否齐全	门脸信息要齐全，要保证：品牌标志＋品牌名＋品类名的基本组合
4	门脸形象是否独特	避免千篇一律，要独特，能吸人眼球，提高自身识别度，能给人留下深刻印象
5	门脸形象是否易记	门脸信息要避免过于繁杂，尽量简练、清晰、易记
6	门脸形象是否适宜	门脸信息和橱窗与牌匾、广告、标志及店徽等的位置尺度相宜并有明显的识别性与导向性

门脸形象设计作为天然的广告牌，能传递品牌的重要信息，形成独特的竞争优势，能够吸引顾客，主动传递给顾客进店的理由，在无形之中降低顾客的记忆成本，为品牌带来二次传播。

2.2.3　橱窗设计的"3 式 5 法"

橱窗设计是各国零售商普遍采用的一种立体广告形式，设计是否得当直接影响门店的外观效果，好的橱窗设计能够展示企业文化，及时传递最新的商品信息或介绍商品特性，因此需要足够的重视。

在橱窗设计中，门店应该根据空间大小和所要表达的效果采取合理的展现形式，采用合适的橱窗设计方法达到目的。橱窗的构造形式如表 2-5 所示。

橱窗设计能够很大程度调动消费者的视觉神经，达到引导消费者购买的目的。橱窗设计要从橱窗陈列的商品主题出发，牢牢树立功能第一，形式为功能服务的正确观念，具有真实性和观赏性。橱窗设计的技巧如表 2-6 所示。

表 2-5　橱窗的构造形式

序号	构造形式	具体描述	橱窗设计方法
1	封闭式	封闭式橱窗是使店内完全处于一种封闭状态,外面看不到店内状况的橱窗背景,通过专门设置的开口(背景上的暗门)进行橱窗的更换布置	单纯手法、衬托手法、惊奇手法、场景手法、幽默手法
2	半封闭式	半封闭式橱窗是指店内与橱窗没有完全封闭,部分封闭或用通透材料作橱窗背景,店外能够隐约看到店内状况,采用一种透景的手法	
3	敞开式	敞开式橱窗就是橱窗与店内完全不封闭,橱窗以店内景致作为背景,使人能感觉到空间的层次关系	

表 2-6　橱窗设计的技巧

序号	技巧	具体说明
1	协调统一	依据经营性质并结合商品特色,橱窗设计应与门店整体风格协调统一
2	打造主题	打造主题性的设计理念,如圣诞节、新年、疯狂大减价、春、夏等主题
3	因时而变	内容随时尚、季节主题变化而变化,不可千日一面,让顾客产生视觉疲劳
4	配合海报	配合适当的推广海报,准确传递信息,提供足够的商品资讯给顾客
5	灯光渲染	巧借人工光线渲染产品特点,避免使用过于鲜艳、复杂的色光
6	注意留白	切忌杂而全,要富有层次感和典型性
7	注意比例	比例均衡要协调,给人以美感
8	色彩搭配	注意色彩搭配,以橱窗背景为依据,符合美学设计
9	明亮干净	保持橱窗干净、清洁及整齐,做到一尘不染
10	注意"五防"	注意防尘、防热、防淋、防风、防盗

2.2.4 门店外部环境布置的4个注意

门店的外部环境布置表达了店面经营的品质和文化理念的同时也突显了区别于其他店面的造型风格。门店外部环境具体布置注意事项如表2-7所示。

表2-7 门店外部环境具体布置注意事项

序号	门店与周边环境	具体布置
1	门店与周边道路	① 门店的车辆不能影响社会车辆的通行
		② 停车场出入口不设置在主干道上
		③ 禁止乱停乱放堵塞消防通道
		④ 保证交通便利,方便顾客到达门店
2	门店与周围绿化	① 保证门店前方宽阔明亮,不能有任何障碍物,比如电线杆、大树等
		② 门店与周围绿化相得益彰
3	门店与周围建筑	① 店面的立体造型和周围的建筑风格应该基本保持统一
		② 墙面划分与建筑物的体量、比例及立面尺度的关系要适宜
		③ 与建筑物外观色彩协调
4	门店与周围商铺	① 禁止跨门槛经营
		② 门店门口禁止堆放杂物影响市容市貌
		③ 与周围门店要和谐相处

2.3

陈列：展示好才能卖得好

门店陈列管理是通过对商品、货架、灯光和POP海报等的整合规划，达到促进商品销售和提高品牌形象的目的。它是科学与艺术的结合，已成为终端门店最有效的营销手段之一，可以有效增加顾客忠诚度，提高员工工作效率，减少商品损耗。

2.3.1 店内3种布局方式

门店首先要决定店内布局，使用标识或者技巧引导顾客在门店里逛，帮助他们定位和寻找有关商品信息。

（1）店内布局

① 栅栏式布局。门店经典的布局，由一排排平行的过道组成，两边的架子上均摆放商品。如图2-2所示。

图2-2 栅栏式布局

栅栏式布局优缺点如表2-8所示。

表2-8 栅栏式布局优缺点

优点	缺点
布局经济	布局外观缺乏吸引力
容易定位找到顾客需要的商品	顾客不能接触到店内的全部商品
节省空间利用率	空间布局存在监控盲区

② 跑道式布局。有一条环绕门店并疏导客流到店内不同商品处的主要通道。如图2-3所示。

跑道式布局优缺点如表2-9所示。

③ 自由式布局。自由式布局也叫精品店布局，是指以不对称模式安排固定设施和过道。如图2-4所示。

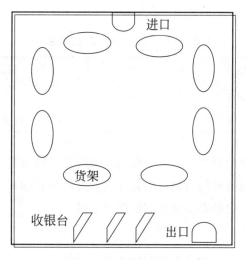

图 2-3　跑道式布局

表 2-9　跑道式布局优缺点

优点	缺点
能够实现顾客浏览多类商品并鼓励购买	商品陈列较为分散,难以聚焦消费者
容易找到顾客需要的商品	空间利用率低
增加顾客停留时间	难以刺激消费者进行购买

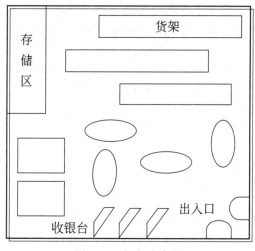

图 2-4　自由式布局

自由式布局优缺点如表 2-10 所示。

表 2-10　自由式布局优缺点

优点	缺点
它提供一种亲密而让人放松的环境	代价高
比较实用,方便顾客购物和浏览	需要提供指引人员推销服务

门店在经营管理的过程中应该根据具体的门店实际情况选择最佳的门店布局方式,综合运用,以提高门店销售额为原则,方便顾客购买为宗旨。门店布局影响门店的相关效益,好的布局成就好的门店业绩。

（2）门店规划

一个好的门店规划,能合理分配店铺中商品的分布,充分利用门店的每一寸空间,合理延长顾客的停留时间,激发顾客的购买欲望,最大程度提升销售额。门店规划如表 2-11 所示。

表 2-11　门店规划

序号	位置	具体叙述
1	收银台	收银台设置在进出口的位置,靠近销售柜台,方便营业员结算
2	商品陈列	通过间隔性的突出,延长顾客逗留时间,刺激其消费欲望,达到消费目的
3	避免造成环境死角	顾客的行动路线要与门店环境紧密结合,尽量避免产生过多拐角,让顾客从找商品变成逛店
4	库存区	① 100m² 以上的门店建议留 10m² 左右的仓库空间 ② 仓库再小也必须规划好,货架是少不了的 ③ 根据商品区分,按照商品的大小轻重设置储物格 ④ 商品的标识要做好,以便查找 ⑤ 畅销的产品要放在外侧,慢销的产品要多去检查检测 ⑥ 每月盘点进销存,防火防盗防断电

2.3.2　商品陈列的 3 个类型

商品陈列不仅为了方便顾客,更是为了做好商品管理,促进整体销售额的提高。根据商品陈列目的的不同,可划分为展示式陈列、推销式陈列和橱窗式陈列3 个类型,不一样的商品陈列,会产生截然不同的销售效果。门店可根据自己所销售商品的类别、店面的大小等方面选择合适的商品陈列方式。

（1）展示式陈列

展示式陈列的主要目的是希望立即引起顾客注意，刺激顾客的购买欲望。展示式陈列方法如表2-12所示。

表2-12　展示式陈列方法

序号	展示方法	具体做法	作用	适用范围
1	中心陈列法	以整个空间的中心为重点进行陈列，把大型商品置于醒目的中心位置，其他商品按类型组合在四周的货架或展台上，使顾客一进入店铺就可以看到大型主体商品	具有突出、明快的效果，能很好地表达陈列主题	节日、促销活动时使用
2	线型陈列法	以货架、柜台各层的展览空间为基础，将商品排列成一条平行线。可采用垂直、竖立、平卧、倾斜或平放等的排列形式，视商品形状和摆放货位空间的大小，有序地排成直线	能直观、真实地表现出商品的内容，能强烈地感染顾客，使之产生购买欲望	超市、大型商场中商品的陈列
3	配套陈列法	运用商品间的互补性，将不同种类但相互补充的商品组合成一体，系列化陈列，满足顾客的生活需求，使顾客购买某商品后，也顺便购买旁边的商品	能使店铺的整体陈列多样化，方便顾客购买，增加顾客购买商品的概率	超市中生活用品、日用品等的陈列
4	特写陈列法	将重点突出的商品或细小商品放大为原型的数倍，做成模型，或扩成大尺寸的特写照片，放置于店面（卖场）中的适当位置	对视觉富有冲击感，调节空间气氛	商场、店铺中服装、体育用品等的陈列
5	开放式陈列法	将商品直接放置在柜台、货架和展台上，使之与顾客之间直接接触	顾客可直接参与演示，具有较高实效性	家电类商品最适宜采用此陈列方法

（2）推销式陈列

推销式陈列的主要目的是通过商品的陈列展示，让顾客对商品进行比较，以产生对商品的信赖感，从而促进商品销售。推销式陈列方法如表2-13所示。

表 2-13　推销式陈列方法

序号	展示方法	具体做法	作用	适用范围
1	品种陈列法	依品种进行分类陈列,如服装专柜,可将商品分成休闲装、职业装等	便于进行商品的统计和进货,便于顾客有针对性地选择	服装鞋帽、家电、酒类等
2	材料陈列法	同类商品按构成材料的不同进行陈列	使顾客在选购时一目了然,灵活选择各种材质的商品	器皿类商品较常用,如将碗、杯、碟分为陶器、瓷器、漆器、银器和塑料制品等
3	用途陈列法	将商品按照用途进行分类陈列。此陈列方式通常以自助方式来销售	易于顾客有针对性地挑选商品	家庭用品类商品,如将家庭用品分成厨房用具、客厅摆设、浴室用品、卧房用具等
4	对象陈列法	依据购买对象的不同而分类陈列商品	便于不同顾客有目的地挑选商品,减少顾客的购物时间	多用于性别、年龄、职业等区别较大的商品的陈列。如服装专柜,大多依靠消费对象的不同而划分为老年专柜、中年专柜、青年专柜和儿童专柜等
5	价格陈列法	根据商品价格的不同,将不同价位的商品进行分类陈列	方便顾客按照自己的预算进行挑选和购买	礼品及廉价商品多采用,因顾客购买礼品时会有一定的预算,按价格将不同价位的商品进行分类陈列,能方便顾客挑选和购买

（3）橱窗式陈列

橱窗式陈列是以商品本身为主体进行商品陈列的方式,它能直接引起顾客的注意力,激发顾客的购买兴趣,促进购买行为,起到宣传商品、招徕顾客、扩大销售以及美化卖场的作用。橱窗式陈列方法如表 2-14 所示。

表 2-14　橱窗式陈列方法

序号	陈列技巧	具体做法	作用	适用商品
1	阶梯式陈列	将商品摆放成阶梯状（三层以上）或者将箱装、罐装商品堆积成阶梯状	① 层次感强 ② 协调性高	① 化妆品等小型商品 ② 箱装、罐装堆积起来也不会变形的商品
2	纸箱式陈列	将进货用的纸箱按一定的深度进行裁剪，然后将商品放入其中陈列，可布置成直线、V型、U型等	① 商品及价格低廉的形象容易传扬出去 ② 给顾客亲切感、易接近感 ③ 节省陈列操作的人力、物力 ④ 易补充、撤收商品	① 广为人知、深受欢迎的品牌 ② 可廉价大量销售的商品 ③ 大、中型商品 ④ 用裸露陈列的方式，难以往高堆积的商品
3	投入式陈列	将商品陈列在筐中或堆积在大型购物篮内	① 容易将价格低廉的形象传扬出去，可成为整个卖场或某类商品的销售区的焦点 ② 陈列时间短，操作简单 ③ 陈列位置易变更	① 已广为人知的商品 ② 嗜好性、简便性高的商品 ③ 低价格、低毛利的商品 ④ 不易变形、不易损伤的商品
4	翼形陈列	在平台的两侧分别陈列关联商品	① 提高商品的露出度，增加商品出现在顾客视野中的频率 ② 突出商品的廉价性、丰富性，并给顾客一种热闹的感觉	① 通过平台进行销售的商品和互相关联的商品 ② 通过特卖销售的少量剩余商品
5	扇形陈列	即将商品摆放成接近半圆形的陈列方法	① 突出商品的高级感、新鲜感 ② 即使商品的陈列量不大，也会提高商品的存在感 ③ 增加顾客对商品的注视率	① 陈列量较少的商品 ② 预计商品的回转率低的商品 ③ 希望通过陈列效果促销的商品

（4）门店陈列原则

门店陈列根据具体情况需要采用不同的方法，无论哪种方法都是科学与艺术的结合。门店陈列需要注意以下5个原则。

① 集中。同类别商品要集中陈列在邻近的货架或者位置。

② 容易。要站在顾客的角度，让顾客容易拿取。

③ 齐全。陈列时尽量保持一个品牌或者系列的商品配套齐全，给顾客选择余地。

④ 整洁。陈列必须干净、整齐。

⑤ 美感。陈列要富有美感，注意色系搭配。

2.3.3 商品编码的3个方法

商品编码是指用一组阿拉伯数字标识商品的过程。商品编号是以一组有规律且简单的文字、符号、字母、数字来代替商品的品名、规格或属类及其他有关事项的方法。

（1）商品编码原则

当仓库中所储存的商品数量众多时，如不进行商品编号管理就容易引起商品管理的混乱。在编码的过程中应该遵循的原则有：

① 唯一性。一个商品对应一个商品编码。

② 无含义性。商品编码数字不表示任何和商品有关的特点、信息。

③ 稳定性原则。商品编码一旦分配，商品的基本特征不发生变化，编码就应该保持不变。

（2）商品编码方法

门店在经营过程中都会自己编码和制作条码，以便进行有序的仓库管理和规范的门店运营。商品编码方法如表2-15所示。

表2-15　商品编码方法

序号	方法	具体叙述
1	层次编码法	将商品按照层次、从属关系进行分类,然后按照商品在分类体系中的层次、顺序,依次进行编码的一种方法
2	平行编码法	将商品的性质按照互相平行的几个面进行划分,每个分类面确定一定数量的码位,从而对商品进行编码的一种方法
3	混合编码法	层次编码法与平行编码法的结合运用的方法

2.4

员工：你代表的是门店

员工形象是门店员工在职业道德、专业训练、精神风貌、服务态度、仪容仪表等方面的集中表现，是门店形象的代表者和展示者。进行门店员工形象管理有利于提升企业形象。

2.4.1　门店员工仪容仪表规范

仪容仪表是一个人内在文化素养及精神面貌的外在表现。注重仪容仪表既是对别人的尊重，也可以帮助员工顺利开展工作。以下是门店员工仪容仪表规范，供参考。

规范名称	门店员工仪容仪表规范		受控状态	
			编　　号	
执行部门		监督部门	编修部门	

第 1 章　总　则

第 1 条　目的。

为了规范门店员工的仪容仪表，提升其整体素养，特制定本规范。

第 2 条　适用范围。

本规范适用于门店所有员工，包括全职和兼职员工。

第 2 章　外　貌

第 3 条　总体要求。

自然美观、大方整洁，仪表端庄。

第 4 条　头发。

1.保持清洁，头发勤理勤洗，消除头皮屑，做好头发护理，梳理整齐。

2.男士：不留长发，不留大鬓角，不留怪异发型，不剃光头，不染奇怪发色，发尾不超过耳根，发色自然，发式以简洁流畅自然为佳。

3.女士：刘海梳理整齐，不盖过眉；不染鲜艳颜色头发；长发披肩要用发网束起，发夹用单色、深色为佳。

第 5 条　眼睛。

常清洁，无分泌物；保持充足睡眠，避免眼睛布满血丝，精气神不佳；不佩戴墨镜或太阳镜。

第 6 条　鼻子。

勤剪鼻毛，避免当众抠鼻孔。

第 7 条　牙和口。

1. 保持口腔清洁,早晚刷牙,饭后漱口,特别是抽烟男士要避免口腔异味。

2. 时刻保持牙齿清洁,避免食品残留物和口红粘牙;工作时间不吃有异味的食物,不喝酒、饮料。

第 8 条　面容。

1. 勤洗脸,保持面部整洁,夏天避免满头大汗。

2. 男士每天剃须,避免邋遢,可不必化妆。

3. 女士工作时间宜化淡妆,以显清雅大方;夜晚因为光线的原因,可适当加重妆容,切不可浓妆艳抹。

4. 面带微笑,笑容自然、贴切大方,精神饱满,避免萎靡不振。

第 9 条　身体。

1. 体味严重者要想办法除味。

2. 随时保持身体卫生,勤换衣服勤洗澡,注重形象,养成护肤的习惯。

第 10 条　指甲。

经常清洁,勤剪指甲,不留长指甲,不藏污纳垢,女士指甲油保持涂抹完好。

第 11 条　鞋袜。

1. 男士统一黑色鞋袜。

2. 女士穿裙要配长筒丝袜,确保丝袜无破损、无抽丝。

第 3 章　着装

第 12 条　注意原则。

1. 要注意适体性。修饰要与容貌、体型、年龄、个人气质相适宜;要与自己的身份和职业协调统一;要体现个人的身份特点和表现个人的内在素养。

2. 要注意整体性。各部位的修饰要与整体协调一致,做到与当时的时间、所处的环境和地点相协调。

3. 要把握适度性。无论在修饰程度上,还是饰品的数量和修饰技巧上,都要把握分寸,做到自然适度,追求雕而无痕的效果。

第 13 条　总体要求:适宜得体。

1. 统一制服,衣服要保持平整,无污点,无破损,纽扣自第二个扣子往卜扣完整。

2. 鞋袜颜色要统一协调。

3. 统一在左胸佩戴名牌,名牌字迹清晰。

4. 疫情期间,注意卫生,统一佩戴口罩。

第 14 条　男士着装注意要点。

1. 除戒指以外不佩戴其他饰品。

2. 衣服干净整洁,不披衣、不袒胸露怀。

第 15 条　女士着装注意要点。

1. 佩戴饰品时,应尽量选择同一色系,同时注意与整体的服饰搭配协调。

2. 服装的整体搭配协调统一,素色为宜,不要太鲜艳,亦不可太花哨,给人以轻浮的感觉。

3. 在门店时忌穿着过露、过紧、过短或过透的短裤、背心、超短裙、紧身裤等。

第 4 章　仪态

第 16 条　站姿。

站姿要端正,挺胸收腹,两眼平视前方,两肩平整,两腿立直,脚跟靠拢,表情自然明朗,面带微笑,保持随时为客人服务的姿态。

第 17 条　坐姿。

1.坐下之前,应轻轻拉椅子,用右腿抵住椅背,轻轻用右手拉出。

2.坐下时,应大方自然、不卑不亢、轻轻落座,切忌发出太响声音。

3.坐下后身体正直,不要前倾或后仰,双肩齐平。

第 18 条　走姿。

速度适中,自然舒缓,过快给人以轻浮的印象,过慢则显得没有时间观念,没有活力。几个人一起走路,尽量保持步调一致,头正颈直,两眼平视前方,面色爽朗,上身挺直,挺胸收腹,两手自然弯曲摆动。

第 19 条　手势。

1.幅度要适当。

2.手势要自然亲切。

3.与人交谈时,讲到自己不要用手指自己的鼻尖,而应用手掌按在胸口上。

第 5 章　附则

第 20 条　编制单位。

本规范由门店客户服务部负责编制、解释与修订。

第 21 条　生效时间。

本规范自××××年××月××日起生效。

编制日期		审核日期		批准日期	
修改标记		修改处数		修改日期	

2.4.2　门店员工行为举止规范

门店员工行为举止需要规范化管理,以下是门店员工行为举止规范,供参考。

规范名称	门店员工行为举止规范		受控状态	
			编　　号	
执行部门		监督部门		编修部门	

第 1 章　总则

第 1 条　目的。

为了规范门店员工行为举止,提高员工整体素质,特制定本规范。

第 2 条　适用范围。

本规范适用于门店所有员工,包括全职和兼职员工。

第2章　站姿

第3条　站姿的基本要求。

门店员工在接待顾客的过程中基本都提供站立服务。

第4条　迎接顾客时的站姿。

1.男性店员可将两腿分开站立,距离不宜超过肩宽。

2.女性店员可以"丁字步"姿势站立,站立较久时,可交换两脚。

第5条　为顾客解说商品的站姿。

1.眼睛需要和顾客有眼神交流,身体微微前倾,双手交叉放置于腹部。

2.面对比自己高的顾客,要抬头仰望顾客;面对比自己低的顾客时,稍微弯曲膝盖,与顾客目标保持平行,不得俯视顾客。

第6条　等待顾客时的站姿。

双臂自然下垂,双手轻轻交叉于腹间,或者重叠轻放在柜台上,也可在站立一会儿后在小范围内走动。

第3章　走姿

第7条　走姿的基本要求。

1.行走时,保持身体重心向前倾,并挺胸收腹。

2.迈步时,门店员工保持两腿直而不僵,脚跟先着地,前脚掌再着地。

3.在行走过程中保持匀速,不宜过快或过慢,或者忽快忽慢。

4.步幅需适中,不得过大或过小,一般情况,男店员的步幅40cm为宜,女店员36cm为宜。

5.在行走时要头正眼平,面带微笑,下巴与地面平行。

第8条　送顾客出门时。

先后退两三步,且退步时需轻擦地面,步幅要小,再转身离去,且在转身时,需先转身后转头。

第9条　给顾客带路时。

1.走在顾客左侧前方,整个身体半转向顾客方向,与顾客保持两步的距离。

2.在遇到上下楼梯或者转弯、进门时,先伸出左手示意,并提示顾客。

第10条　行进中转身。

在距离所转方向远侧的一脚落地后,立即以该脚掌为轴,转过全身,然后迈出另外一只脚。

第11条　行走中的注意事项。

1.门店员工在行走的过程中,不得横冲直撞,尽量减少在人群中穿行,避免在结伴的顾客中走过,迫不得已需要先说:"对不起,麻烦您让一下"。

2.门店员工在行走时要选择合适的路线行进,与顾客保持一定的距离,避免挡住顾客的路。

第4章　坐姿

第12条　坐姿的基本要求。

1.两腿、膝并拢,脚自然着地一般不要跷腿,两脚踝内侧互相并拢,两足尖约距10cm左右。

2.肩部放松、手自然下垂,交握在膝上,五指并拢,或一手放在沙发或椅子扶手上,另一只手放在膝上。

3.坐着与人交谈时,双眼应平视对方,但时间不宜过长或过短,可使用手势,但不可过多或过大。

第5章 手势

第13条 手势的基本要求。

手势要优美得体,避免僵硬死板,没有礼貌。

第14条 指示方向时。

1.手指并拢,手掌伸直,屈肘从身前抬起,向指引的方向摆去。

2.摆到肩的高度时停止,肘关节基本伸直。

第15条 为顾客开门时。

1.左手为顾客拉住门。

2.右手五指并拢,手掌伸直,由身体一侧自上而下抬起,并以肩关节为轴,到腰的高度再由前身右边摆去,摆到距离身体15cm。

第16条 请顾客过来时。

1.五指并拢,手掌自然伸直,手心向上,肘微弯曲,腕低于肘,手从腹部之前抬起。

2.到腰部并与身体呈45°时停止,头部和上身微向伸出手的一侧倾斜。

3.另一只手下垂或者背在身后。

第6章 语言

第17条 使用礼貌语言。

沟通时,门店员工要经常使用"您好,欢迎光临""请""打扰一下""对不起"等恰当得体的礼貌用语,赢得顾客对员工乃至门店的尊重。

第18条 选择恰当的称谓。

门店员工根据顾客的年龄、性别、身份等不同,称呼顾客为"先生""女士"等,如是常客或者知道姓氏,应注意称呼前加上姓氏。

第19条 使用标准普通话。

门店员工统一使用标准普通话与顾客进行沟通,如果发现顾客使用方言,应该在可能的范围内配合顾客,以增进沟通的效果。

第20条 保持恰当的语速。

门店员工在向顾客打招呼或者为客户进行产品解说时,应该保持恰当的语速,不能太快或太慢,含糊不清,急躁。

第21条 使用正确的语气。

门店员工在与顾客进行交谈时,应该使用询问、商量的语气,切忌使用不耐烦、强迫威胁的语气。

第7章 敲门

第22条 敲门礼仪。

1.门店员工拜访客户时,敲门要用食指,力度适中,间隔有序敲三下,等待回音。如无应声,可稍加力度,再敲三下;如有应声,侧身隐立于右门框一侧,待门开时再向前迈半步,与主人相对。

2.如果门是虚掩着的,门店员工也应先敲门,得到主人允许后才能进入。进办公室时也应敲门,表示一种询问"我可以进来吗",或一种通知"我要进来了"。如客户家有门铃,按门铃时也要有礼貌,轻轻按下,如无应答,间隔短暂时间再按下。

第 8 章　附则

第 23 条　编制单位。

本规范由门店客户服务部负责编制、解释与修订。

第 24 条　生效时间。

本规范自××××年××月××日起生效。

编制日期		审核日期		批准日期	
修改标记		修改处数		修改日期	

第 **3** 章

门店商品管理

3.1

订货与收货

高效订货与收货是决定门店经营成功的关键因素。订货确保门店及时抓住市场价格信息差，以合适的时机及价格订购到合适的商品。收货保证门店的商品正常供应。因此，订货程序与收货程序的标准化、制度化是非常重要的。

3.1.1 订货应注意的 9 个问题

订货是商品管理的源头，在新零售的背景下可分为线上和线下订货。在保证门店运营正常的前提下，及时检查存货，科学合理地确定订货量，适时订货，可以降低采购和库存成本，从而节约资金并增加现金流动速度，提高门店资金利用率。

订货中应注意的问题如表 3-1 所示。

表 3-1　订货中应注意的问题

分类	注意问题	解决措施
商品性质	商品品类是否齐全	订货要保证种类齐全,增加门店销售品类
	畅销品是否缺货	畅销品是顾客喜爱的商品,是顾客进入门店购物的动力,也是门店的业绩来源,要增加订货量
	滞销品是否积压	滞销品只需要保留陈列面的货量即可,不需要占用库存,售罄即可,不需再订货
	易腐商品是否腐烂	水果、蔬菜、生鲜等商品当天采购,订货量必须根据客户需求量的大小增加或者减少
门店行为	订货是否盲目	综合考虑消费习惯、门店实际销售情况、库存能力等,避免根据感觉盲目订货
	订货是否保守	长时间保守订货会造成供货不足,营业额大幅度下滑等问题,要尽量避免
	订货是否跟风	对商品保持高度敏感,综合考虑门店的实际情况,根据门店的自身特点进行适当调节
	订货是否只追求爆款	洞察市场信息,不能一味只追求爆款,应该依据销售数据和当季流行趋势进行科学订货
	订货成本是否高昂	在计算进货成本的同时必须重视机会成本、仓储成本、货架收益、销售成本等

分类	注意问题	解决措施
线上订货	线上订货商品质量是否参差不齐	线上订货质量难以保证,必须货比三家,横向纵向了解,谨慎下单
	货品安全是否有保障	选择正规渠道订货,确保货品安全
	能否按时运送货品	按时提交订单,随时关注物流信息

订货量过多会引起库存过剩问题,订货量过少会引起库存不足的问题,因此,必须按照相关流程实现科学合理的订货。订货流程如图 3-1 所示。

门店订货流程关键节点说明如表 3-2 所示。

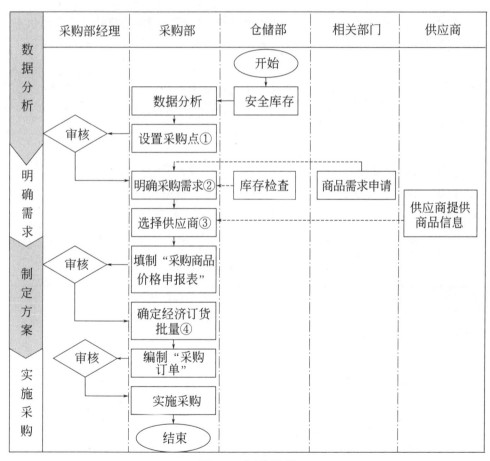

图 3-1　订货流程

表 3-2　门店订货流程关键节点说明

关键节点	相关说明
1	采购部根据仓储部提供的安全库存信息,结合商品采购周期,设置采购点,同时交部门经理审核
2	采购部根据相关部门的商品需求申请和库存情况明确采购需求
3	采购专员根据公司"供应商管理办法"以及供应商产品信息,就订货折扣、交货日期、物流服务一系列优惠条件与供应商进行谈判,确定合作方
4	采购部工作人员根据谈判结果,编制"采购商品价格申报表",提交部门经理及财务部审批后,根据现有商品库存量以及库存维持成本确定经济订货批量

3.1.2　收货应注意的 8 个问题

收货按照订货的来源,分为由总部配送中心配送到门店的商品收货和由供应商直接配送到门店的商品收货两种形式,无论是哪一种收货工作,都需要按照步骤来进行。收货步骤如图 3-2 所示。

接待摆放 → 点数验货 → 确定签名 → 搬放

图 3-2　收货步骤

（1）收货注意事项

门店收货其实就是清点商品、确认收货。看似简单,但是如果门店不按照相应流程收货,忽视细节,必然会严重影响门店的正常运营,扰乱经营秩序,因此,门店在进行收货时,应注意的事项如表 3-3 所示。

表 3-3　门店收货注意事项

序号	注意问题	具体叙述
1	当面检查,清点商品	收货时必须当面清点商品名称、数量、规格、单价等,和实际到货商品是否一致
2	及时盘点,复核验收	禁止将未经清点、复核验收的商品随意上架销售;不能以事后验收为借口,推卸出现差错和损失的责任
3	小心轻放,注意安全	收货时禁止大力抛掷,要轻拿轻放
4	遇到问题,及时反馈	验收时发现商品数量、质量等问题,及时向承运商、出厂商反馈,并在送货单上备注问题
5	发现问题,可以拒收	收货时要检查商品是否完整,如发现破损、变质、过期等问题可以拒收

序号	注意问题	具体叙述
6	填写单据,承担责任	当场办妥交验手续,要由收货人员在验收单据上签名承担验收责任
7	汇总表单,一式三联	每日录入人员将商品收货情况汇总,填写每日收货情况汇总表一式三联,第一联留底,第二联上交营运部确认,第三联于次日交给电脑部
8	录入核查,解决问题	电脑部按照每日收货情况汇总表,做收货录入员的录入核查,发现问题,及时沟通解决

（2）商品验收方法

商品验收即对订购的商品进行检验,检验订购商品是否与所需存在偏差,是否达到质量标准,这是商品保质保量的保障。针对不同的商品性质要采取不同的验收方法。典型商品的验收方法如表3-4所示。

表3-4　典型商品的验收方法

序号	商品	验收方法
1	普通食品	检查商品包装、型号、规格、生产厂家、生产日期、有效期或保质期
		拒收保质期超过1/3的商品
		进口商品要向供应商索取有效卫生检验证书和防伪标签
2	生鲜食品	检查新鲜程度、颜色、气味
		称重、扣除皮重和一定比例的水分及消耗重量
		鲜活鱼要快速称重、快速转运
3	百货	检查商品包装、型号、规格、生产厂家
		检查订货要求的色、码配备
		清洁用品要检查生产日期、保质期、生产许可证、消字号
		大包装内有小包装的要进行抽检
4	服饰	从上到下、从左到右、从里到外检查做工是否符合标准
		检查各种标识,如主标、尺寸标、侧标等
		拒收二次销售的陈旧商品
5	易碎商品	收货时及时当面开箱验货
		不得以抛掷、踩踏等方式搬运
		不得露天堆放

收货能力在一定程度上决定了门店的业绩和管理高度。门店收货流程如图3-3所示。

门店收货流程关键节点说明如表3-5所示。

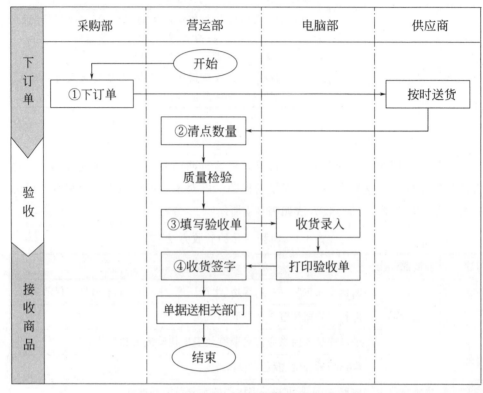

图 3-3　门店收货流程

表 3-5　门店收货流程关键节点说明

关键节点	相关说明
1	采购部根据门店的情况向供应商下达订单,只有商品的名称、规格、价格而无具体的数量
2	营运部收货人员根据订单上的商品名称、规格、价格,按照门店的相关规定验收供应商送来商品的质量并清点数量
3	收货主管根据实际送货商品的名称、规格、价格与数量,填写空白的商品验收单,并转交电脑部录入员进行电脑录入工作
4	收货员、收货主管及供应商在录入员打印的商品验收单上签字,收货主管盖收货章,收货部门及供应商留两联,第一联交财务部,第二联交电脑部

3.1.3　5个收货问题及解决措施

门店收货途经供应商生产送仓，仓库配送交付发出和最终承运商送抵门店一系列流转环节。在收货过程中会遇到一系列问题，处理步骤简单来说如图3-4所示。

图3-4　收货问题处理步骤

收货工作主要包括商品数量验收、质量验收和安全性验收三方面，针对商品不同的验收问题，会有不同的解决措施。门店收货异常情况处理如表3-6所示。

表3-6　门店收货异常情况处理

序号	问题	解决措施
1	整箱货物缺失	① 首先同承运商确认，在收货单据上备注 ② 将单据拍照，并提供缺失商品的单号数量到对接仓库 ③ 后续仓库经理对接跟进货物查找并发货
2	外包装破损	① 在第一时间同承运商共同开箱确认商品是否完好 ② 若内部商品完好，不影响门店销售的情况下，门店可收下商品，并在收货单据上备注：外包装破损 ③ 若内部商品破损或者影响销售，门店可以视情况拒收，同样备注收货单据，并让承运商签字确认
3	外包装完好，但箱内商品质量瑕疵	因为外包装完好，无法确定是否是物流原因导致，因此可以视情况拒收，返回出厂商，联系重新发货
4	箱内货物不准确	① 在第一时间同承运商共同开箱确认货物是否与订单一致 ② 在收货单据上备注，并提供缺失商品的单号数量到对接仓库，及时进行更换
5	易碎品收货处理	① 收货时首先确认外包装是否有易碎品标识 ② 对于易碎品，不管外包装是否完好，都应该在开箱时进行谨慎确认，若商品出现破损，则参照货物破损，影响销售流程处理

3.2

理货与补货

门店运营的过程中需要经常理货和补货。理货和补货直接关系门店是否正常运转，补货的同时就在进行理货的工作，其目的就是向顾客提供充足的商品，树立门店商品饱满的良好企业形象，方便顾客购买，提高门店营运能力。

3.2.1　理货的5个注意问题

门店理货是店员工作的一部分，主要是了解商品是否断货、进货渠道是否畅通、产品是否摆放合理、竞争对手商品的情况等，目的是通过理货，发现问题，从而总结经验，提出改进建议。理货过程中需注意的问题如表 3-7 所示。

表 3-7　理货过程中需注意的问题

序号	注意问题	具体叙述
1	理货频率	① 定期理货。按周、月、季度进行理货 ② 随时理货。当门店商品杂乱时，需要及时理货 ③ 每日理货。每日销售高峰期之前和之后，须进行一次比较全面的理货
2	理货顺序	① 理货一般遵循从左到右，从上到下的顺序 ② 理货区域的先后次序是：堆头→端架→货架 ③ 理货商品的先后次序是：快讯商品→主力商品→易混乱商品→一般商品
3	理货检查	① 理货时必须将不同货号的商品分开，并与其价格标签的位置一一对应 ② 理货时须检查商品条形码是否完好，缺条形码则应迅速补贴 ③ 理货时要注意检查商品情况，看是否出现过期、变质等
4	理货方式	① 理货时每一个商品有其固定的陈列位置，不能随意更改排面 ② 退货商品及破损包装等待修复的商品，不能停留在销售区域，只能固定存放于指定库存区域 ③ 理货时做到非销售单位、非销售包装的商品不得零星停留在销售区域

3.2.2 补货流程

（1）补货流程

及时补货不仅是确保门店商品的卖相美观，在顾客眼中也是门店管理和服务的体现，紧跟顾客的需求进行计划性的补货，迎合顾客品位和潮流，提高门店销售量，为门店带来更多的流量。补货流程如图 3-5 所示。

补货流程关键节点说明如表 3-8 所示。

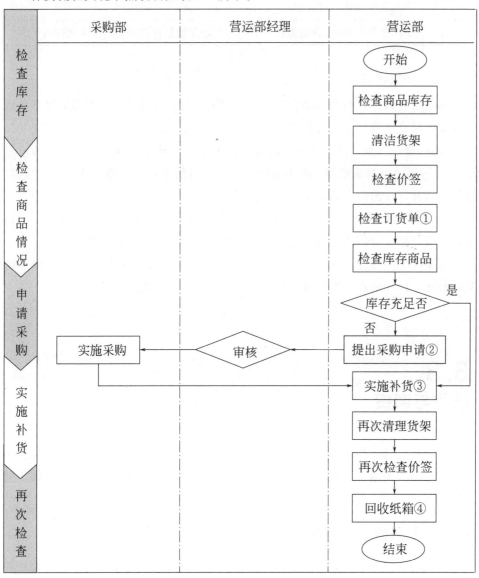

图 3-5　补货流程

表 3-8　补货流程关键节点说明

关键节点	相关说明
1	营运部理货员在补货之前要先检查商品订货单及临时仓库中商品的数量
2	如果库存商品不足,理货员需要向理货主管提出商品采购要求,由理货主管向营运部经理正式提出采购申请
3	实施补货遵循先进先出的原则,把货架上原有的商品先拿出来,再把要上架的商品放在货架的最里面,最后把原来的商品放在货架的最外面。食品尤其要确保先进先出
4	补货完成后,营运部理货员要回收商品纸箱并将补货附近区域打扫干净

（2）补货建议

在门店经营中,当商品出现空缺才想起来补货,或者等顾客指明需要某种商品而没货时才意识到没及时补货,这样的现象易造成严重后果。补货策略无非两种,"销一补一"和"预判补货"两种。具体建议如下。

① 了解最新潮流趋势。根据市场动态,了解最新潮流趋势,迎合顾客品位,避免盲目补货,出现商品滞销,造成资源浪费。

② 做好销售统计,形成报表。根据销售数据,分析商品能否有较长的销售期,明确产品生命周期,结合当期库存可销周期进行科学预判补货。

③ 结合门店销售实际情况。是否需要补货,补多少以及怎么补都必须考虑实际情况,比如节日将近,可以就相关商品多补一些,保证货物充足。

3.3
缺货与调货

▶▶

门店在经营过程中难免会遇到缺货和调货的情况,缺货率是门店运营过程中需要注意的一大指标,必须采取良好的态度,通过相应的方法解决缺货、调货问题,提高好感度,尽力挽留顾客。

3.3.1　缺货的 5 个预警办法

门店缺货意味着门店商品品种经营管理不善,如果顾客在门店中无法选择和购买到自己需要的商品,会影响购物体验,最终导致顾客不再光顾,流失大批忠实客户。针对缺货现象，门店要及时做好预警工作，避免商品缺货。

（1）缺货原因

门店经营中商品齐全最为重要，而门店缺货是严重且普遍存在的问题。缺货原因如表 3-9 所示。

表 3-9　缺货原因

序号	原因概要	原因详情
1	订货不足	门店订货量不准确，如某些商品漏订，没有续订，或续订不及时
2	供应商问题	供应商没有货、漏货、有货不送、送货量不足、送货延迟等
3	物流配送不及时	因各种可控、不可控原因致物流配送不及时
4	生产商缺货	生产商因为各种主客观原因缺货不能满足供给需求
5	商品品种缺货	安排门店的货架商品种类不合理，出现需求商品品种缺货
		新商品的引进和旧商品的淘汰机制设置不完善

（2）缺货预警

事前的缺货管理优于事后的各种催货和补救，缺货管理的核心就是缺货预警。缺货预警办法如图 3-6 所示。

1　确定安全库存量之后，应编制货物存量明细表，并利用仓储管理系统实时监控库存

2　当仓库存量接近安全存量的下限时，应编制安全存量预警表，尽快安排补货作业

3　当仓库存量低于安全存量时，应向采购等部门发出高级警报，要求其尽快补货，保证存量高于安全库存

4　货物存量明细表、安全存量预警表，均应由仓储管理系统自行编制，当低于安全存量时由仓储管理系统自行警报提醒，待补货完毕后警报解除

5　开展仓储人员培训工作，逐步提升其工作熟练程度和作业效率

图 3-6　缺货预警办法

3.3.2　调货管理办法

调货是常事，要提升门店调货的精准性、时效性，增加顾客体验，必须优化调货管理。调货注意事项如表 3-10 所示。

表 3-10　调货注意事项

序号	注意问题	具体叙述
1	听取需求,态度端正	缺货时态度端正,及时通过信息系统查看其他连锁门店是否有货
2	高效审核,节省时间	在调货过程中必须经过上级高效审核,不能耽误顾客时间
3	线上线下,填写单据	调货除了系统操作单据,必须填写调货清单、调货登记签收表,尽量避免手写纸质交接单据,实现网上申请,提高效率
4	优化数据,真实有效	针对顾客需求的多样化,及时优化库存数据,体现真实性
5	加强培训,提高素质	加强培训,提高员工工作能力和个人素质
6	健全体系,提高效率	健全物流管理体系,加强物流管理,实现当日/次日达,争取让顾客在短时间内拿到货物或者为顾客提供上门服务

　　门店在调货的过程中会出现调货成本高、时效性差等问题,使顾客消费体验下降,大大缩短了商品的在货架销售时间,影响终端销售。因此,必须制定相应的办法规范管理。

　　以下是门店调货管理办法,供参考。

办法名称	门店调货管理办法		受控状态	
			编　号	
执行部门		监督部门		编修部门	

第 1 章　总则

　　第 1 条　目的。

　　为规范门店调货管理工作,满足客户需求,根据国家与企业内部的相关规章制度,特制定本方法。

　　第 2 条　适用范围。

　　凡是门店商品调货及相关事项均按照本办法办理。

　　第 3 条　管理职责。

　　门店的产品调货工作由销售部与仓储部共同负责进行。

　　第 4 条　调货遵循原则。

　　1.销售优先原则:销售差的门店向销售好的门店调货,以提高销量为目的。

　　2.便捷原则:为运输方便,尽可能地在几个相邻分店之间调货,体现高效性。

第 2 章　调货的申请与审核

　　第 5 条　调货分为门店之间的调货和驻外仓库之间的调货。

　　第 6 条　调货需求。

　　如果顾客需要的商品缺货,门店员工有了调货需求,需要提前向仓储部沟通查看。

第 7 条　调货申请。

销售人员调货申请必须经过仓储部负责人的同意,准确填写调货清单,其他方式的清单均无效。

第 8 条　查看库存。

仓储部员工主动查看库存,在不影响自己门店的正常经营情况下及时准备好调货商品。

第 9 条　调货审核。

门店店长审核销售人员的调货要求与调货清单后,填写调拨单并签字确认。

第 10 条　开始调货。

准备好调货商品,等待配送人员取货。

第 11 条　确认收货。

配送人员必须让提货人填写调货登记签收表并签字。

第 12 条　仓储部保有各分公司库存情形的动态记录,根据需要随时发出调货通知。

第 13 条　仓储部的调货通知以及各分公司对调货的答复,均应以书面处理,但紧急时得由主管以电话联络,应随即补办书面通知,并应在备注栏内加注电话联络的日期、时间等。

第 14 条　外聘销售人员不准从各门店调货,不准从各门店提取货款,凡由于外聘销售员从门店调货或提取货款造成的损失,均追究分公司经理、外聘销售员责任。

第 3 章　办理调货手续

第 15 条　门店之间办理调货。

(1)门店员工填写调货清单,双方门店加盖公章,经办人签字认可。门店员工做调货说明。如需保密的可使用两张清单,不用写明产品调往何处或者从何处调来。

(2)调货双方若有补充协议,应在财务部备案,便于财务部进行必要的资金额度的划拨。

第 16 条　驻外仓库之间调货。

(1)调出方凭分公司经理批准的报告由调出方仓库保管员开票办理出库手续,并在第二至第六联盖章,第二联作为调出方仓库减少库存记账凭证。

(2)调入方凭发票验货后,第三联作为调入方仓库增加库存记账凭证,第五联作为仓储部记账室记账凭证。

(3)运输单位凭第六联经仓储部、财务部审核后作为向门店结算运费凭证,费用由分门店承担。

第 17 条　在进行调货时,通过开具调拨单,一边出库一边入库,两边门店同时整理,同步进行。

第 4 章　附则

第 18 条　编制单位。

本办法由仓储部和销售部负责编制、解释与修订。

第 19 条　生效时间。

本办法自××××年××月××日起生效。

编制日期		审核日期		批准日期	
修改标记		修改处数		修改日期	

3.4

盘点与处理

盘点可以计算门店的存货、费用率、毛利率等指标。盘点的结果是衡量企业经营状况好坏的标准尺度，不仅是对目前现有商品状况进行清点，还可以对过去商品管理的状态进行分析，为将来商品管理的改进提供有价值的参考数据。

3.4.1 确定盘点的3个方式

盘点可以控制库存，掌握损益，但也是一项费劲、耗时的工作，工作强度大，差错率高，因此需要根据具体情况灵活采用不同的盘点方式。商品盘点方式如表3-11所示。

表3-11 商品盘点方式

序号	名称	说明
1	循环盘点	按照商品入库的先后顺序，每天、每月按顺序分部分进行盘点
		日常工作中采用循环盘点
2	定期盘点	又称全面盘点，店长领导门店员工按月、季、年度，对库存商品进行一次全面的清查盘点，覆盖率广、准确度高
3	临时盘点	又称突击性盘点，根据需要在出现以下情况时进行临时盘点。 ① 在日常盘点没有及时跟上 ② 仓库管理员办理交接 ③ 发生意外事故 ④ 在台风、梅雨、严寒等季节 ⑤ 商品数与库存数对不上

3.4.2 盘点前6个准备

盘点工作是库存管理的重要环节，也是商品流通的关键。盘点工作必须讲究流程，才能做到井然有序。为提高盘点工作效率和质量，必须重视盘点任务。盘点前准备工作如下。

① 人员安排。盘点工作费时费力，为了不影响日常销售，必须首先做好相关的人力配置与任务分工，组织盘点小组，由盘点人员、复盘人员、监督盘点人

员构成。

②规范盘点过程。要明确盘点的流程与方法，确定盘点日期，制订盘点计划。

③清理仓库。保持仓库干净整洁，保证最大空间利用率，对盘点人员做好提醒工作。

④准备单据。准备盘点所需的相关库存资料，打印盘点所需的表单。

⑤商品整理。在实际开始盘点前，需要对商品进行整理，使盘点工作更加高效有序。检查商品排列，把散落的商品物归原位，分门别类，区分放置，避免出现混盘。

⑥组织盘点小组培训。包括商品知识培训、盘点方法培训等，使之熟悉盘点各项工作，实施有效的监管措施。盘点小组培训内容如表 3-12 所示。

表 3-12　盘点小组培训内容

序号	培训项目	培训具体内容
1	盘点商品的相关知识	盘点现场的基本情况
		盘点商品的基本知识
2	盘点表的使用	盘点表的使用方法
		盘点表的领取与收回
		盘点表的记录与书写规范
		签字确认
3	盘点操作	盘点过程中的注意事项
		盘点的范围
		盘点点数的原则
		初盘、复盘、抽盘的相关规定

3.4.3　盘点实施流程

门店需根据仓库管理及实际情况制订相应的盘点计划，对库存商品进行盘点。在制订盘点计划时，需对循环盘点、定期盘点和临时盘点进行规划，找到门店的管理漏洞，及时进行补救。盘点实施流程如图 3-7 所示。

盘点实施流程关键节点说明如表 3-13 所示。

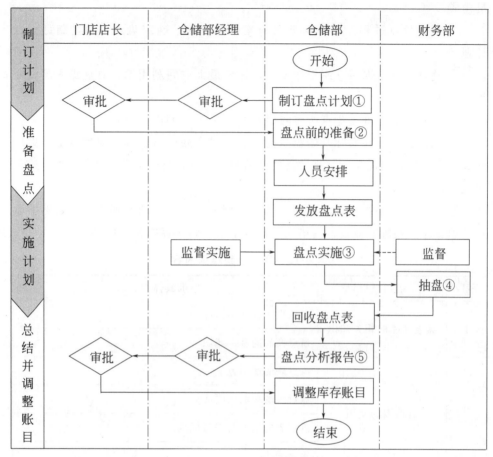

图 3-7　盘点实施流程

表 3-13　盘点实施流程关键节点说明

关键节点	相关说明
1	盘点计划主要包括制定盘点时间、确定盘点范围、划分盘点人员的职责、明确盘点过程中的注意事项等内容
2	盘点前的准备工作主要包括库房的清洁与整理、盘点工具的准备、盘点区域的划分等
3	仓储部工作人员按照盘点计划展开现场盘点工作,每次盘点一般实行两人一组,盘点表内的数字不能涂改,若有更改,必须签名确认
4	财务部人员在盘点过程中对盘点结果进行检查,若盘点人员盘点数量与仓储部盘点的结果不一致,则应安排相关人员再次进行盘点
5	仓储部人员整理相关资料,盘存结果分析报告上报仓储部经理、店长审批

3.4.4 盘点报告编制

盘点是仓库管理最重要的工作之一。门店盘点是为了保证库存准确，为门店运营分析决策提供准确的数据支撑，也是检验水平和能力的重要手段。以下是门店盘点报告，供参考。

报告名称	门店盘点报告	编　　号	
		受控状态	

盘点报告

×××总经理：

您好，现将我门店2022年度的存货盘点的工作总结做如下报告。

一、盘点基准日：2022年××月××日

二、盘点时间：2022年5月1日~2022年5月3日

三、抽盘时间：2022年××月××日~2022年××月××日

四、盘点人员

1.店长：林××。

2.销售部：杨××、汪××。

3.仓储部：张××、王××。

2.财务人员：曹××。

五、盘点范围

公司在2022年度的全部存货。

六、盘点方法

1.商品入库时要首先进行盘点，将数量、规模、存放位置等及时记录在系统。

2.盘点人员在固定时间进行月盘点、季度盘点和年终大盘点。

3.盘点人员根据门店自身的实际情况，抽取部分或全部的商品进行盘点。

4.盘点人员对进出频率高，易损易耗的商品进行重点盘点。

5.在抽盘的过程中，盘点人员遵循从盘点表到实物，再从实物到盘点表的抽盘顺序进行抽查盘点，并将盘点结果与商品进出库记录表核对，判断盘点结果是否准确，是否在可以接受的范围之内。

七、盘点实施情况

1.盘点人员在没有影响门店的正常运营前提下，有序、高效地进行盘点。

2.盘点人员熟悉了解待盘存货的品种、摆放、规格等情况。

3.盘点过程中，保证门店存货摆放整齐，存货保存基本完好。

4.保持仓库的干净整洁，清理释放门店仓库内存。

5.盘点结束后，发现问题，及时解决，在之后的经营中尽量避免。

八、盘点结果

1.存货账面数量与初盘的实际数量存在差异，重新进行谨慎核对，防止错盘、漏盘、计算错误等原因，确保盘点结果正确，其中金额约为×××元，占盘点存货总额的××％，属于正常区间范围之内。

2.存货盘点主要存在差异的商品是易碎、易腐商品,金额约为×××元。

3.存在少量商品残破损毁情况。

4.通过盘点未发现门店出现重大差异。

九、盘点差异原因分析

1.差异产生原因。

(1)仓库出现失窃事件,这是造成盘点差异产生的主要原因。

(2)商品明细账部分记录有误,导致差异产生。

(3)盘点中,材料编码记录有误,造成漏盘。

(4)报废商品未及时进行库存更正。

(5)商品变价未进行及时登记在册和出现任意变价的问题。

2.盘点差异处理。

仓储部、财务部已组织人员对可能出现差异的部门进行复盘,最终盘点结果将于近期得出。

十、盘点结论

此次存货盘点产业较小,盘点结果基本可靠,可以信赖,门店存货管理工作后期会总结此次盘点出现的问题,继续优化管理,促进门店发展。

×××(报告人/部门)

20××年××月××日

编写人员		指导人员	
主送部门		抄送部门	
报告意见			

3.4.5　3个盘点差异问题处理

门店库存盘点后,难免会出现差错,盘点结果与账面库存之间的差异,主要有三种,一是数量差异;二是存放位置差异;三是存货质量差异。盘点的目的是发现差异,并消除差异。盘点处理问题解决如表3-14所示。

表3-14　盘点处理问题解决

序号	问题	原因	解决措施
1	实际库存比账面库存数量多	① 出库时商品少发	及时追查上一次盘点和本次盘点之间该商品的出库记录,和收货人及时联系,找到哪一笔出库单少发了,协商解决办法
		② 入库时多收了货	有可能出厂商有记录而门店仓库忘了记录
		③ 顾客退货记录未填写	及时补退货记录,和顾客核对退货信息

序号	问题	原因	解决措施
2	实际库存比账面库存数量少	① 出库未记账	找到原始出库单,及时填写出库单据
		② 破损处理未记账	账务及时处理
		③ 出库拿错货	及时找到商品的出库单,确定是哪一款商品,与顾客联系,做换货处理
3	存放位置差异	员工没有按照指定程序和位置放置商品	修改搬运指令,将原来指定的货位调整为实际发生的货位
4	存放质量差异	① 未定期巡检仓库,导致未及时发现破损商品	及时申报破损商品内容,并做账务处理,加强仓库巡检
		② 未按照商品先进先出验货,导致早期商品积压最终过保质期	加强先进先出的验货原则,进行监督落实,制定保质期报警策略

3.5

▶▶

防损与处理

门店损耗是指账面金额和盘点金额之间存在的差异,是影响门店利润的重要因素之一。损耗是由一个或者多个因素所造成,了解损耗发生的原因,并严格加以控制,能够提高门店经营绩效。

3.5.1　商品损耗的 5 个原因

商品放在仓库中,出现损耗是正常现象,但是非正常损耗会造成门店不必要的经济损失。做好防损管理工作,不仅可以节约门店成本,还可以做好商品流通管理工作。损耗原因如表 3-15 所示。

3.5.2　防损管理的 5 个方法

防损工作,人人有责。损耗产生原因归结来说就是员工责任心不强、满意度不够、业务不熟悉以及缺乏防损意识。要做好防损控制,必须改变传统防损理念,制定防损措施,建立防损机制,有效控制商品损耗。防损管理的方法如表 3-16 所示。

表 3-15　损耗原因

序号	损耗原因	原因详情
1	常规损耗	生鲜商品变质、水分流失以及商品销售中的自然损耗
2	管理损耗	① 收货、验收损耗。收货时对品质把控不严,不符合验收标准的商品予以收货
		② 商品存储不当损耗。低温商品验收后没有及时放入冷库,存储的温度不达标
		③ 上架陈列损耗。没有按照先进先出原则进行陈列,陈列时没有按照商品的属性进行陈列
		④ 门店作业不当损坏商品损耗。上货、搬运等作业途中不小心损坏商品
		⑤ 收银错误损耗。收银时数量录错,顾客商品包装内实物不符,出现夹带等
3	偷盗损耗	① 顾客偷盗
		② 员工偷盗
		③ 供应商偷盗
4	盘点损耗	① 盘点计数错误
		② 盘点遗漏商品品项
		③ 重复盘点
5	意外事件	① 自然事件。如仓库火灾、水灾、暴雨、台风等
		② 人为事件。如抢劫、偷盗、诈骗等

表 3-16　防损管理的方法

序号	方法	细化方法
1	对员工进行防损培训	① 提高员工防损意识,防止员工偷盗 ② 熟练运用电子防盗系统 ③ 处理突发事件,随时维护卖场秩序
2	加强监督商品管理环节	加强订货、收货、理货、补货、缺货、调货环节的监督管理,减少商品损耗的发生
3	增加监控	在门店安装性能优良的电子商品防盗系统,实现门店无死角全覆盖
4	加强门店巡视检查	防损员在门店出入口、货架陈列处要加强检查,尤其留意人多聚集的地方,灵活处理
5	及时清点	门店员工随时清查商品,发现问题,及时解决

3.5.3 执行 4 个具体防损措施

完善损耗控制体系，有利于提升门店利润。针对不同的情况可以采取不同的损耗控制措施。防损措施如表 3-17 所示。

表 3-17　防损措施

序号	防损情况	防损措施
1	防盗	① 实时监控,保证百分百镜头覆盖率,保证百分百的人员定岗 ② 对商品编制盘点表每日进行盘点,发现丢失立即寻找丢失原因,及时上报并采取措施 ③ 对高单价的商品建议使用带锁的专柜陈列,可以增加被盗窃的难度 ④ 定期对门店员工进行损耗技能培训,提升损耗控制技能,配合防损部门做好损耗控制 ⑤ 定期对商品进行盘点,发现差异及时找原因并制定控制措施
2	防腐烂	① 在早上十点前重点对果蔬生鲜的区域进行巡视,腐烂变质不新鲜的商品要及时进行处理 ② 对于容易腐烂的商品要采用保鲜冷藏技术,每半月检查一次冷藏设备 ③ 需要定期接受易腐烂商品培训,具备一定的技能 ④ 生鲜商品必须当天售完,销售高峰期之后打折处理 ⑤ 易腐烂商品必须严格控制库存量
3	防试吃	① 设置"请勿试吃"的提示牌 ② 保证员工定岗,提示顾客不能试吃
4	防碎	① 在商品陈列时易碎商品要注意摆放方式和位置,尽量往高处货架摆放,避免小孩碰撞 ② 针对昂贵易碎品区域,保证百分之百的高清镜头覆盖 ③ 设置多个警示牌

3.5.4 处理失窃的 7 个步骤

防损的核心关键是防止失窃。当前,偷盗者进入门店的盗窃方式花样百出,有衣服隐藏法、偷换标签法、商品调换法、同伙作案法、商品夹带法等。有些门店实行"偷一罚十"处罚偷盗者,但不具备法律效力。即使偷盗者错了,门店的采取方法也必须得当。门店防损事件处理步骤如表 3-18 所示。

表 3-18　门店防损事件处理步骤

序号	处理步骤
1	确认偷盗者拿了门店内的商品通过收银通道未付款,待走到安全门外或卖场出口后,防损员可以上前拦住偷盗者询问
2	礼貌地请偷盗者自行检查是否有忘记结账的商品放在身上
3	偷盗者若承认,则叫其到收银台结账,只要其结账,认为其是疏忽而不是有意不结账,处理时维护其自尊
4	偷盗者若不承认,防损员把其带到办公室进行进一步的询问、处理。避免与其在出口处发生争执,以免影响顾客的通行或引起其他顾客的围观
5	必须有两个以上人员进行处理,若属女性偷盗者,必须至少有一名女员工在场
6	由偷盗者主动取出偷盗商品,任何人不能与对方有身体上的接触,更不能采取搜身或殴打的方式
7	偷盗者拿出商品后,确认其是无意或是有意偷盗,若属无意的,对其进行教育后,带到收银台结款后放行。若为蓄意偷盗,如果不是团伙、惯偷,或偷盗金额较小的,对其进行教育后,带到收银台结款后放行;若属团伙、惯偷,或偷盗金额较大的,报警处理

将损耗降到最低就是最大限度地保证门店的利润。做好防损管理其实就是需要树立防损意识,从门店运营各个方面进行系统全面的把控。

以下是防损管理办法,供参考。

名称	防损管理办法		受控状态	
			编　号	
执行部门		监督部门	编修部门	

第 1 章　总　则

第 1 条　目的。

为加强商品的损耗管理,减少商品的损耗,特制定本办法。

第 2 条　适用范围。

本规定适用于本门店各部门商品损耗的管理。

第 3 条　防损管理工作的特点。

流程化、精细化、制度化。

第 2 章　收银防损管理

第 4 条　规定收银员按工作规范操作,并随时考评。

第 5 条　监督收银员结账收银的基本动作要领做到准确到位。

第 6 条　收银员每天必须轮换收银台,避免滋生弊端。

第 7 条　防损员应随时利用监视系统了解各时段收银台收银状况,发现异常,应停止该机收银台工作,即时进行核查。

第 8 条　严格注意收银员吃饭、休息、换班时间的异常行为,避免收银员趁机做手脚。

第 9 条　避免收银员使用退货键或立即更正键来消除已登记的商品。

第 3 章　卖场损耗管理

第 10 条　安全防损员应加强店内巡逻,特别留意拐角处和人流聚集处。

第 11 条　禁止员工在上班时间内购物或预留商品。

第 12 条　员工下班后所购物品不得携入店内或仓库,如已结账的商品,其购物袋必须粘贴发票。

第 13 条　商品理货人员应随时整理店内商品,如发现 POP 或价格卡条码标示错误,应主动通知电脑部查询,有错误时应即时更正,以免造成不必要的损失。

第 14 条　废弃的价格卡不得任意丢弃,防止被冒用。

第 4 章　仓库防损管理

第 15 条　供应商送货时,应先提供订购单,让验收人员凭此核对与商品有关的资料,包括商品内外包装条码、规格、单价、数量等,并由验货人员逐一核对。

第 16 条　商品验收无误后,应立即移至仓库或店内,不得任意摆放,避免混淆。

第 17 条　已完成验收作业的订购单,应转换成进货验收单,一联由会计保管;另一联由店长收执,当作对账、付款的依据。

第 18 条　供应商送货的空箱须拆平,避免借机夹带商品。

第 19 条　供应商的车辆离去时,要接受仓管(验货)人员检查,检查无误后方可离开。

第 5 章　员工防损管理

第 20 条　员工不得以工作需要为由私自使用门店商品(包括破损商品、赠品),如发现查实作夹带处理。

第 21 条　不得盗窃或擅自拿取门店、客人或同事财物,如发现,查实后视情节交防损部或派出所处理。

第 22 条　积极主动配合公司授权部门人员检查包裹、衣柜及查阅证件等。如有不配合者交防损部处理;如有发现携带商品且不能解释清楚的作夹带处理。凡有过失或知情不报者,经查实从重处理;如有揭发检举者,经过查实,公司将按一定比例予以奖励(公司保密)。

第 23 条　厂家需规范促销赠品发放,厂家促销员不得与员工私自交换、处理赠品。如发现,对双方均作夹带公司物品处理,其中赠品价值以其商品价值计算。

第 24 条　厂家促销员不得夹带、盗窃或擅自拿取门店、客人及同事财物,如发现查实,按商品价格对其本人及厂家作 10 倍和 100 倍的经济索赔,并要求厂家更换促销员。

第 6 章　后台防损管理

第 25 条　商品基本资料建档完成后,应由部门主管再做查核验证工作。

第 26 条　所有促销变价的商品一律通过后台应用管理系统的促销变价程序进行控制管理。

第 27 条　供应商供货价格变更时,一律填制变价单,经由电脑主管、会计主管审核后方可更正(店内的价格卡应同步更改,且应至收银台查价,以确保下传作业成功)。

第 28 条　商品编码应符合管理原则。

第 29 条　退货管理作业应按先进先出法办理。

第 30 条　进退货资料建档作业应以"今日事,今日毕"为原则。

第 31 条　外送的商品,务必先结账付款,经核准后才可外送。

第 32 条　制作标准盘点规范说明书,其内容应包含盘点计划、盘点区域划分、盘点作业规范(盘点方法)、盘点人力分配、盘点资料管控、盘点报表制作、盘点差异分析。

第 7 章　附则

第 33 条　编制单位。

本办法由仓储部负责编制、解释与修订。

第 34 条　生效时间。

本办法自××××年××月××日起生效。

编制日期		审核日期		批准日期	
修改标记		修改处数		修改日期	

3.6

库存与退货

存货在门店经营过程中处于核心位置,采购、销售商品都以存货为中心。库存管理是商品管理的重要分支,任何持有库存的门店都需要做到库存管理,如果能够合理调配门店中的商品,将库存依据金额、数量进行管理,让其尽可能地产生经济效益,促进经营活动的发展。

3.6.1　商品结构优化的 6 个指标

商品结构是根据预定商圈消费者需求和门店定位确定的商品组合,主要由主力商品、辅助商品和关联商品组成。在门店经营过程中,门店只有不断优化,商品结构才会更加科学化、合理化,从而有利于提高门店总体销售额,提高顾客满意度。商品结构优化指标如表 3-19 所示。

表 3-19　商品结构优化指标

序号	指标	具体叙述
1	商品销售排行榜	对每个商品进行销售排行,从中可以看到商品销售情况,凡是排在倒数后三位的商品要考虑是否要淘汰,然后再引入新的同类商品
2	商品贡献率	商品销售能够给门店带来的贡献得大小,毛利率最低的商品就有可能被淘汰

序号	指标	具体叙述
3	商品周转率	把资金换成商品后再把商品换成资金的时间长短,周转率低的商品不能滞销太多
4	商品更新率	门店要周期性地增加商品的品种,补充新鲜血液,稳定自己的固定顾客群体,商品的更新率一般应该控制在 10% 以内,最好控制在 5% 以内
5	损耗排行榜	看商品带来损耗的大小,损耗大意味经营该商品的成本高,因此,商品损耗最高的商品就可能会被淘汰
6	商品的陈列	在优化商品结构的同时也要优化商品的陈列

3.6.2 库存不足与过剩原因分析

库存控制是门店的核心技术之一,很多门店的库存管理水平普遍不高,突出表现为库存不足、库存过剩、滞销品长期积压、畅销品断货等问题,下面分析一下产生前两种问题的原因。

（1）库存不足原因分析

库存不足会严重影响客流和口碑。库存不足的原因如表 3-20 所示。

表 3-20　库存不足的原因

序号	原因	具体叙述
1	销售信息反馈不及时	商品销售相关信息反馈不及时,预测不准确,导致存货结构、周期不合理,给门店造成了大量多余的物流成本
2	库存管理效果不佳	① 库存管理技术水平低下,缺乏统一的工作标准和岗位职责 ② 对库存管理的认识不到位,重视商品的销售和采购而忽视了商品存货对整体营运效果的影响 ③ 忽略和浪费了库区资源的充分利用
3	货品调配滞后	畅销品补货不及时,出现供不应求的情况

（2）库存过剩原因分析

商品库存过剩分为良性和恶性。不同分类过剩的原因不同,具体原因如表 3-21 所示。

表 3-21　商品库存过剩分类详情

序号	分类	具体
1	良性	良性存货为了店铺正常运营而储存的货品,这些货品可在限定的时间内走出卖场,转换成资金。店铺或商场应坚持正常的良性存货,避免因缺货导致销量下降
2	恶性	① 对未来市场的判断错误,对总体环境和产业环境中各因素及产品市场环境中的诸多因素判断失误,商品引进与市场脱节,不能获得顾客的认同
		② 商品组合不完整,商品款式、规格等不能针对顾客需求,没有市场需求
		③ 瑕疵商品卖不出去或卖出后被退回,成为永久存货
		④ 库存政策错误,认为货越多,生意越好,只重视销售,对商品的周转率毫不在意
		⑤ 导购人员销售能力比竞争品牌差,造成市场萎缩,即反映在存货增加上

3.6.3　进销存管理的 5 个目标

进销存管理是为了对经营中进货、销售、收款、付款等进行全程跟踪和管理,每一步都提供详尽准确的数据,有效辅助经营者对业务管理、存货管理、往来账目管理、营销计划的执行和监控,并收集和统计各方面的业务数据,协助门店运营。

进销存三者相辅相成,如果商品进销存循环顺畅,门店生意自然蒸蒸日上。系统进销存的目标如表 3-22 所示。

表 3-22　系统进销存的目标

序号	目标
1	能够自动结算应收金额和找零金额
2	可以自动打印小票,并实时更新数据
3	根据验货清单,确认采购货物,并实时更新系统
4	不同的门店之间可以共享数据化系统
5	可以查询到商品销售信息、库存信息、采购清单和进货清单

明确了门店进销存的数据化系统之后,要对系统进行分析,明确如何构建数据化管理且顺利运行。进销存的工作步骤如图 3-8 所示。

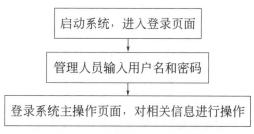

图 3-8　进销存的工作步骤

传统进销存管理需要的实时数据量大，经常会出现较多问题，需要对其步骤流程进行规范化管理。进销存信息处理流程如图 3-9 所示。

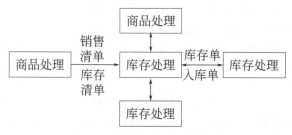

图 3-9　进销存信息处理流程

3.6.4　库存控制方法

门店进行库存合理控制，能够有效减少库存管理成本，避免仓库产品积压，提高仓库商品使用效率，促进门店仓储业务高效运转。以下是库存控制办法，供参考。

办法名称	库存控制办法		受控状态	
			编　　号	
执行部门		监督部门	编修部门	

第1章　总则

第1条　目的。

为了达到以下目的,特制定本管理办法。

1.保障库存商品供给,合理分布库存,实现科学库存管理。

2.降低库存管理成本,保证在库存成本的合理范围内达到满意的客户服务水平。

3.通过降低库存成本,有效提升公司利润。

第2条　适用范围。

本制度适用于规范所有门店仓库的库存控制工作。

第3条　管理职责。

1.仓储部负责库存控制分析、规划和决策,向销售部提供实时库存状况,并向采购部提出合理的请购计划;做好商品盘点、费用统计工作。

2.采购部根据请购计划制定合理的采购方案,保证商品的合理供应,并提供采购前期数据,协助库存控制决策。

3.财务部负责库存费用统计核算、采购费用统计核算、生产成本及缺货成本的统计核算工作,为库存量、请购点、经济订货批量的计算提供准确依据。

第4条　术语说明。

1.本控制程序所提顾客服务水平,是指库存满足用户需求的能力。

2.本控制程序所提最低库存量,是指为保险起见而设定的库存量,一般情况下应当设定2~3天的量。

3.本控制程序所提请购点,是指采购作业期间的需求量加上安全库存量。

第5条　库存控制原则。

库存管理人员在进行库存控制时应当遵循以下三个原则。

1.成本最小原则。仓储部应当与销售部、采购部等相关部门一同核算物流总费用,在物流工作的单项费用之间进行合理协调,确保物流总费用最低。

2.库存动态管理原则。保证库存新、旧商品动态交替进出仓库,避免库存闲置空缺或者货量堆积。

3.提高门店销量原则。无论库存如何控制最终目的都是为了提高门店商品销量。

第2章　库存量控制

第6条　仓库管理员应定期组织盘点库存商品,发现升溢或者缺损的,应及时办理商品盘盈、盘亏报告手续,填写商品盘盈、盘亏报告表,报经上级批准,并列入账中。

第7条　仓库管理员应将盘点结果予以汇总,报至库存控制专员进行分析。

第8条　库存控制专员根据库存实时情况确定商品需求计划,并制订合理的请购计划。

第9条　库存控制专员应清楚地掌握库存进出库的资料,以及其他相关资料,进行库存量预测。需要搜集和分析的资料应包括市场需求、产品生命周期、商品价格变动趋势、商品库存现状及商品需求与消耗现状。

第10条　用量稳定的商品存量由商品控制主管依据去年的平均月用量,参酌今年营业的销售目标,若产销计划有重大变化(如开发或取消某一产品的生产、增产计划等)应修订月用量。

第11条　季节性与特殊性商品由仓储主管依前三个月及去年同期各月份的耗用数量,并参考市场状况,拟订次季各月份的预计销售量,再乘以各产品的单位用量,而设定预估月用量,以指导仓库工作。

第12条　对市场难以准确把握的商品原则上实行零库存管理,对低于最低存量或者超过最高存量的商品,仓库要及时通知采购部。

第13条　选择预测方法。

库存控制专员需根据门店实际情况选择库存量预测的方法,从下列两种方法中做选择。

1.定性预测法。对熟悉情况、经验丰富的经理、销售人员、顾客做调查,靠个人经验和判断来分析商品需求和产品需求量,然后通过计算推测出需要保有的库存量。

2.定量预测法。根据完整全面的记录资料,运用数学方法进行科学推算,预估未来的库存量。需优先采用时间序列法和计量经济模型法。

第 14 条　设定安全存量。

1.库存控制专员应当确定商品安全库存量，并促使仓库存货在安全库存量以上，以减少缺货情况，降低缺货成本，提高门店服务水平。

2.安全库存量的计算公式如下。

安全库存量＝(生产周期＋运输时间＋检验时间)×单位时间用量＋最低库存量

第 15 条　设置请购点。

1.库存控制专员应通过对历史数据的分析，确定不同商品的库存维持费用，估算由此产生的财务支出。

2.据库存维持费用、商品需求情况、安全库存量等数据合理设定请购点。

第 16 条　设定存量基准。

库存控制专员应将存量管理标准填入存量基准设定表，报生产部经理批准后建档。

第 3 章　库存成本分析

第 17 条　核算库存订购成本。

库存控制专员负责根据订货费、运输费、保管费、缺货费、人员费用等各项费用，核算出库存订购成本、库存维持成本和缺货成本，提供给商品控制主管决策使用。

第 18 条　库存成本统计分析。

库存成本统计分析应一个月一次，到了月末，把本月发生的各项成本统计出来，并且求出总成本。

第 4 章　附则

第 19 条　编制单位。

本办法由仓储部负责编制、解释与修订。

第 20 条　生效时间。

本办法自××××年××月××日起生效。

编制日期		审核日期		批准日期	
修改标记		修改处数		修改日期	

3.6.5　3种退货情况的解决方法

在商品管理的过程中，线上或线下订货出现库存积压时等都会将货物退还给供应商。退货情况及解决方法如表 3-23 所示。

3.6.6　滞销品产生的 6 个原因和 3 个处理方法

商品滞销对门店的正常经营构成威胁，不仅占用大量的流动资金，而且也占用了库存空间，因此，弄清滞销品的成因并提出解决方法，有助于加速商品流通。滞销品产生原因如表 3-24 所示。

表 3-23　退货情况及解决方法

序号	退货情况	具体情况	解决方法
1	供应商未按照时间、地点、方式供货	① 提前交货 ② 延迟交货 ③ 未在适当的地点交货 ④ 未以适当的方式交货	在不影响门店正常运营情况下是可以收货的，但是比如延迟交货影响了运营促销时则可以直接拒绝并退货
2	供应商交货数量不准确	① 少交 ② 多交	清点之后，如果少交则联系供应商补发货物，多交则退还多余货物
3	供应商交货质量有问题	出现瑕疵、破损等情况	当场验收，如果影响销售则直接退货

表 3-24　滞销品产生原因

序号	成因	具体叙述
1	商品过时	商品因其样式太过陈旧或者功能相对较差出现滞销
2	商品过季	商品在销售地区的销售季已过，下一季节用不上该产品而滞销
3	商品过多	商品存量过多，超过了市场需求量出现滞销
4	商品过新	商品刚刚投入市场，其功能、性质、用途尚未被顾客所了解出现滞销
5	商品过贵	商品定价过高超过顾客预期，顾客难以接受出现滞销
6	商品过平	一般化商品难以被消费者接受出现滞销

　　商品滞销的原因多种多样，需要具体问题具体分析，针对不同的滞销品采取不同的滞销品处理方法。滞销商品处理方法如表 3-25 所示。

表 3-25　滞销商品处理方法

序号	商品	处理方法
1	永久性滞销品	商品过时。采取折价销售来处理
2	暂时性滞销品	商品过季。季节性商品削价处理
		商品过多。饱和性商品采取"冷处理"
3	不确定性滞销品	商品过平、商品过新。加大宣传力度

第 **4** 章

门店促销管理

4.1

线下促销的 8 种模式

门店在策划线下促销活动时，要善于运用各种技巧，盘活资源。具体可通过多样化的促销活动设计、丰富促销活动形式等达到引流的目的，从而刺激消费者的购买欲望，进而提高销售量，完成销售目标。

4.1.1 店头 POP 广告：强调购买点

店头 POP 广告特指在线下门店放置的能促进销售的广告。该广告通过色彩强烈的图案和准确且突出的广告设计向消费者强调购买点，创造强烈的销售气氛，吸引消费者的视线，促成其进行商品购买。

（1）店头 POP 广告的设计

门店进行店头 POP 广告的设计，需要在注重美感及协调性的条件下，直接且有效地向顾客传达信息。店头 POP 广告设计要点如表 4-1 所示。

表 4-1　店头 POP 广告设计要点

序号	设计概要	设计详情	设计建议
1	广告类型	悬挂式广告、商品的价目卡、展示卡式广告、大型台架式广告、指示牌、引导标志等	可根据门店所处的位置区域、门店面积大小、商品摆放区域及商品摆放数量等,进行广告类型的选择
2	画面设计	画面有美感、突出商品重点	① 注重画面的整体性、协调性 ② 根据广告类型确定展示板大小,根据展示板大小进行画面的整体设计
3	字体设计	书法字体、印刷字体	① 字体设计遵循易读性、统一性、个性化 ② 通过笔形变异、具象性变化或者笔画共用等方法进行 POP 字体设计
4	颜色设计	色彩对比度强、图案吸引力高、色彩搭配协调	① 所用颜色不超过三种,一般以红、蓝、黑三种颜色为主要颜色 ② 可根据商品种类以及门店的品牌标志进行颜色搭配设计 ③ 一张 POP 广告上的商品,原则上不超过两个
5	内容设计	内容重点突出、广告语准确生动	① 设计原则:醒目、简洁、易懂 ② 可结合时下流行趋势进行内容创作

（2）店头POP广告的制作

店头POP广告制作的基本原则：容易引人注目、容易阅读、一看便知诉求重点、有美感、有个性、具有统一感和协调感、有效率。店头广告制作要点如表4-2所示。

表4-2　店头广告制作要点

序号	制作概要	制作详情	制作建议
1	准备材料	各种笔具、裁剪工具、测量工具、粘贴工具、展示板	① 笔具可根据需要进行选择 ② 粘贴工具要选择黏性好、易操作的工具，如喷胶等
2	材料选择	尝试使用不同颜色的纸制作POP广告	① 黄色容易给客户一种商品很便宜的感觉 ② 多用暖色系
3	展示板大小选择	广告的面积根据商品的大小、书写的内容进行选择	① 不同大小的POP都需要准备 ② 对于成堆摆放的特价商品，可选择大型台架式广告板 ③ 而对于货架摆放的小型商品，可选择小型的卡片式展示板
4	书写广告语	商品介绍简单易懂。写全商品名称，注明规格，写明价格	① 注明原价和现价，以体现降价的幅度 ② 价格要明确显眼 ③ 价格小数点前后的数字要大小明显 ④ 尽量将商品的特点总结成条目，且至多三条 ⑤ 广告语要突出商品本身

（3）店头POP广告的摆放建议

门店进行店头POP广告的摆放，需要遵循合理、直观、易看的原则，吸引消费者的关注力度。店头POP广告摆放要点如表4-3所示。

表4-3　店头POP广告摆放要点

摆放地点	摆放广告类型	摆放建议
门店内部	悬挂式广告、商品的价目卡、展示卡式广告、指示牌、引导标志、货架陈列广告、流动式电子广告屏	① 展示板大小与商品摆放区域相匹配，不挡住商品 ② 柜台商品价目卡式广告及货架陈列广告不超出商品的摆放区域，小型POP放在商品下方，大型POP放在商品上方 ③ 室内电子屏幕可吊放在门店内部，提高空间利用效率 ④ 保持POP广告展示板表面清洁无灰尘 ⑤ 展示板粘贴规整，严禁张贴非本公司商品的海报

摆放地点	摆放广告类型	摆放建议
门店外部	展示卡式广告、大型台架式广告、指示牌、引导标志	① 门店外部广告展示板不宜过多,多余展示用具保管好,不得在卖场中杂乱摆放 ② POP 广告应及时更换,非此期间售卖的商品的 POP 广告严禁在卖场出现 ③ 门店外部墙面不宜随意张贴 POP 广告,POP 广告统一粘贴至海报板上,确保布局整洁、美观 ④ POP 广告应放置在门店外部两米以内,与门店内部形成呼应 ⑤ 不宜影响顾客行走,对 POP 广告牌进行妥善固定

4.1.2 门店展示促销:提升商品魅力

门店展示促销主要通过向消费者展示商品,增强消费者的体验感,让消费者直观地、全面地了解商品。要想达到门店展示促销营业目标,需要进行门店展示促销活动的详细策划。

（1）门店展示促销活动策划步骤

门店展示促销活动策划步骤如表 4-4 所示。

表 4-4 门店展示促销活动策划步骤

序号	策划步骤	策划建议
1	确定策划目的	① 明确促销活动策划任务要求,确定策划内容与策划目的 ② 了解企业商品特性、营销战略、市场环境等
2	收集相关资料	① 主要搜集一手及二手资料,重点关注同行业企业的成功案例 ② 搜集内容:企业市场环境、商品特性等
3	市场调查	① 主要依靠线下走访进行市场调查 ② 市场调查对象:企业客户、中间商以及企业内部等
4	明确促销目标	① 通过市场调查,结合企业战略制定促销目标 ② 常见促销目标:沟通目标、销售量目标、铺货率目标等
5	选择促销对象	① 通过市场调研与促销目标的确定,明确促销活动的对象 ② 划分促销对象。如现实客户和潜在客户,消费者个人、家庭或社会团体划分等
6	制定促销策略	① 确定促销活动的目标,制定促销活动的策略 ② 制定促销活动策略、促销活动方式、促销活动方法等

序号	策划步骤	策划建议
7	编制促销活动经费预算	① 根据促销费用的历史使用情况、竞争对手信息以及媒体费用变化的数据等资料,编制促销活动经费预算 ② 针对部分复杂项目,以实际产出为准
8	形成策划草案	综合已确定的促销活动目标、对象、策略、预算等内容,形成促销活动策划草案
9	促销活动草案测试、评估	根据草案内容进行试运行或线下小范围模拟运行,测试并评估促销活动效果
10	确定策划方案	根据活动效果进行最终策划方案的选择并确定

（2）门店展示促销管理办法

门店开展门店展示促销活动,能够让消费者更加直观、全面地了解商品。同时,门店对展示促销活动进行规范化,有利于门店统一化、规范化的促销活动管理,促进活动效果。

以下是门店展示促销管理办法,供参考。

办法名称	门店展示促销管理办法		受控状态	
			编　号	
执行部门		监督部门	编修部门	

第1章　总则

第1条　目的。

为加强门店展示促销管理,规范门店展示促销工作的具体实施,提高商品销售业绩,特制定本办法。

第2条　适用范围。

本办法适用于门店展示促销的管理工作。

第3条　管理职责。

1.门店店长负责门店展示促销活动的统筹管理工作。

2.门店运营团队负责门店促销活动的策划工作。

3.门店营销团队负责门店展示促销活动的实施工作。

第2章　促销方案的制定

第4条　促销主题。

门店运营团队根据需要展示促销商品的特征及门店的销售计划,进行促销主题的确定。促销主题有新品上市体验、回馈老客户优惠折扣等主题。

第5条　促销目的。

通过向消费者展示商品,让客户体验商品,提高客户的购买欲望。

第6条　目标群体。

门店运营团队根据商品的类型进行目标群体的确定。目标群体主要为商品受众群体中最广泛的一类人群,潜在顾客也可列入目标群体之中。

第7条 促销地点。

促销地点一般选择在门店门口。根据门店所处位置区域可做合理调整。

第8条 促销时间。

促销时间根据商品的性质及目标人群的特征进行选择,可选节假日或人流量高峰时间段进行展示促销。

第9条 制作促销海报。

门店运营团队根据商品性质及促销场地大小进行促销海报的设计制作。

第3章 促销方案的实施

第10条 组建促销团队。

门店营销团队根据促销计划进行促销团队的组建。主要销售人员由门店内部营销人员构成,同时招聘临时兼职促销员,辅助销售工作。

第11条 培训促销人员。

门店营销团队负责对所有销售人员进行商品知识、销售技巧、销售礼仪规范的培训。

第12条 促销场地布置。

促销人员根据促销方案进行场地布置。

1.商品陈列区。食品类商品需在陈列区进行大量摆放,方便消费者进行现场购买。

2.海报摆放区。海报摆放不能遮挡住商品及消费者行走区域;海报摆放在显眼的位置,吸引消费者的注意力。

3.商品体验区。

(1)食品类。设置试吃台架,试吃食品分量要进行合理分配,试吃食品要保障及时供给。需要进行现场制作的食品,要严格统一卫生标准及出餐标准。

(2)电子商品类。安排专业的技术人员进行现场商品解说,演示商品的功能及使用方法,解答顾客提出的询问,制造活跃的购物气氛,邀请有意向的消费者进行现场体验,激发顾客对新商品的兴趣。

(3)其他高值品。进行相关的实物展示,促销人员对商品进行解说。

第13条 促销场地的规范。

所有门店促销场地布置格局及功能区应保持一致。

第4章 促销现场的监督

第14条 秩序监督。

门店店长要协助促销人员进行促销活动现场的秩序监督,避免人员拥挤发生踩踏事件。

第15条 人员监督。

门店店长对员工的工作态度进行监督,避免工作人员工作懈怠,为员工提供小福利,调动员工工作积极性。

第16条 促销活动现场流程监督。

门店店长根据促销活动现场的人流量和关注度,灵活调整促销活动的项目及流程。

第5章 促销活动效果评估

第17条 根据促销活动目的制定促销活动效果评估指标。评价指标如下。

1.商品展示区的商品摆放是否合理。

2.商品体验区的关注度是否达到预期。

3.商品体验后的购买率是否达到预期。

4.消费者对商品的评价是否达到预期。

5.促销人员是否对商品进行全面介绍并积极推销。

第18条　撰写促销评估报告。

撰写促销评估报告,提交审批,为日后举办促销活动提供参考。

第19条　制定促销奖惩方案。

第20条　活动效果回访。

根据门店的展示促销活动效果,调查促销活动后的顾客进店频率及商品购买率,二次了解促销效果。根据最终促销效果进行下一步促销计划的制订。

第6章　附则

第21条　编制单位。

本办法由门店运营部负责编制、解释与修订。

第22条　生效时间。

本办法自××××年××月××日起生效。

编制日期		审核日期		批准日期	
修改标记		修改处数		修改日期	

4.1.3　价格促销：用优惠吸引顾客

在零售行业中,价格是影响消费者购买的最主要的因素。门店在策划价格促销活动时,要在参透消费者心理的基础上,选择最有利于激发消费者消费欲望的价格促销策略。

（1）常见的价格促销策略

常见的价格促销策略如表 4-5 所示。

表 4-5　常见的价格促销策略

序号	促销策略	策略建议	策略说明
1	知名品牌商品折扣促销	将门店内品牌知名度较高的商品进行降价出售,提高消费者关注度的同时促进店内其他商品的销售	该策略具体实施可参考"招徕定价法则"
2	现金折扣	通过向顾客提供现金回扣,来鼓励他们在某一特定时期购买其商品	① 该策略可以短期内刺激商品销售量的上升 ② 该策略适用于特定事件下的促销活动开展。如新店开业、新品上市、春节、五一、端午、国庆等节假日

序号	促销策略	策略建议	策略说明
3	特价促销	在特定的时期内,通过提供低于市场均价的价格,吸引消费者进行购买	① 商品价格偏高导致销售量偏低时,可进行特价促销 ② 急于完成销售任务时,可选择特价促销 ③ 急于清理库存、回笼资金时,可进行特价促销 ④ 急于打压竞争对手、占领市场份额时,可进行特价促销 ⑤ 临期商品特价促销
4	现金满减	针对销售量较低的部分商品,试行现金实付满减策略,提高商品的购买率	现金满减策略可按阶梯式满减。如: ① 满15元减2元 ② 满25元减5元 ③ 满50元减10元 ④ 满100元减20元 ⑤ 满200元减50元
5	优惠券抵扣	邀请消费者通过微信公众号注册门店会员,向注册成功的消费者发放优惠券,吸引消费者进行线下消费,抵扣优惠券	① 前期对门店周边商业街、写字楼、住宅区进行优惠券发放,扩大目标群体 ② 进行优惠券兑现要明确兑换时间、兑换地点

(2)价格促销管理办法

制定价格促销管理办法,可以指导门店的相关工作人员进行价格促销活动,规避可能存在的风险隐患,促进门店价格促销活动有序开展。

以下是价格促销管理办法,供参考。

办法名称	价格促销管理办法		受控状态	
			编　　号	
执行部门		监督部门	编修部门	

第1章　总则

第1条　目的。

为了进一步规范公司促销价格的管理,控制促销成本预算,保证促销活动的有效执行,实现促销工作的规范化运行,特制定本办法。

第2条　适用范围。

本办法适用于门店价格促销活动相关工作的管理。

第 3 条　管理职责。

1.门店店长负责门店商品价格审批及确认工作。

2.门店定价员负责商品定价和调价工作。

3.门店市场调查员负责商品价格信息的调查工作。

第 2 章　促销价格定价

第 4 条　市场价格信息调查。

进行价格促销前要进行系统的信息调查,全面了解市场价格信息。具体调查内容有:

1.门店市场调查员对促销商品供求状况进行分析,并对商品进行价格敏感度测试。

2.门店市场调查员调查相同商品的竞争对手的价格。

3.门店市场调查员协助门店店长查看促销商品的库存。

第 5 条　编制市场调查报告。

门店市场调查员根据促销计划,调查促销品的基本情况和促销预算,撰写市场调查报告,为门店定价员制定促销价格提供数据支持。

第 6 条　价格确定并申请。

门店定价员根据市场调查报告,选择合适的促销方式和策略,确定促销价格,并填制"促销价格申请表",进行价格确定并申请,申请通过后方可进行价格促销。

第 7 条　价格通知。

门店店长将最终确定的价格进行通知。价格通知包括新商品价格通知、价格调整通知和错价更正通知。价格通知一般采用书面通知单形式进行通知。

第 8 条　价格信息登记记录。

记录、保管各环节的价格信息、台账、档案、原始记录,力求做到价格资料的完备齐全。如实、准确、完整记录促销活动前、促销活动中的价格资料,妥善保存并依法接受监督检查。

第 3 章　价格促销实施

第 9 条　应当在门店的显著位置明示促销内容,促销内容应当包括促销原因、促销方式、促销规则、促销期限、促销商品的范围以及相关限制性条件等。

第 10 条　明确区分促销商品。

1.将参与价格促销的商品进行特殊标识,放在门店货架顾客最容易拿取的位置。

2.对不参加促销活动的柜台或商品,应当明示,并不得宣称全场促销。

3.明示例外商品、含有限制性条件、附加条件的促销规则时,其文字、图片应当醒目明确。

第 11 条　价格促销内容固定。

门店开展价格促销活动时,明示期限内不得变更促销内容,因不可抗力而导致的变更除外。

第 12 条　门店促销活动的广告,其宣传内容应当真实、合法、清晰、易懂,不得使用含糊、易引起误解的语言、文字、图片或影像;不得以保留最终解释权为由,损害消费者的合法权益。

第 13 条　门店所参与价格促销活动的商品(包括有奖销售的奖品、赠品)应当依法纳税。

第 14 条　门店开展促销活动应当明码标价、货签对位、标识醒目,不收取任何未予明示的费用。

第 15 条　门店开展价格促销活动,不得利用虚构原价打折或者使人误解的标价形式欺骗、诱导消费者购买商品。

第16条　促销商品质量统一。

不得降低促销商品(包括有奖销售的奖品、赠品)的质量和售后服务水平。

第17条　门店开展限时促销活动的,应当保证商品在促销时段内的充足供应。

第18条　明确标识促销数量。

门店开展价格促销活动的,若有限量限时等情况,应进行明确标识。连锁企业所属多家店铺同时开展限时限量促销活动的,应当明示各店铺促销商品的具体截止时间及具体数量。限量促销的,促销商品售完后应即时明示。限时促销的,时间截止后应即时明示。

第19条　门店不得以虚构清仓、拆迁、停业、歇业、转行等事由开展促销活动。

第20条　消费者要求提供促销商品发票或购物凭证的,应当即时开具,并不得要求消费者负担额外的费用。

第21条　促销商品退换货的条件要公开透明,特殊商品退换货的条件要进行明确标识并在付款时进行温馨提示,不得以促销为由拒绝退换货。

第4章　价格促销现场管理

第22条　门店开展价格促销活动时,应当具备相应的安全设备和管理措施,确保消防安全通道的畅通。对于开业、节庆、店庆等规模较大的价格促销活动,应当对人流量进行预测,制定安全应急预案,保障促销现场良好的购物秩序,防止因促销活动造成交通拥堵、秩序混乱、疾病传播、人身伤害和财产损失。

第23条　疫情期间,促销现场入口处要设置体温监测关卡,免费提供一次性口罩,注意提醒顾客戴好口罩。

第5章　价格促销效果报告和监督

第24条　价格促销效果报告。

门店定价员根据促销效果编制促销定价效果报告。通过调价前后的销售额、市场占有率等做出比较,为制定更为合理的价格提供实践上的论证。

第25条　价格促销效果监督。

门店店长负责追踪、评估促销价格执行的效果,根据促销效果,提出建议,为以后的价格促销活动开展提供参考。

第6章　价格促销注意事项

第26条　定价统一。

所有门店调价应做到调价时间统一、调价幅度统一。

第27条　定价合理。

进行价格促销,定价要合理,进行全面的风险评估、成本计算之后再进行定价。

第28条　价格配套管理制度清晰。

1.要保证门店的各项价格促销工作和企业总目标一致,价格策略和定价方法要与价格目标相协调。

2.价格策略和定价方法要与企业的其他策略相协调,不能相互抵消和摩擦。

第29条　门店进行价格促销,要遵守商业道德,不得开展违反社会公德的促销活动。

第30条　商品定价专员要遵循公平、合法和诚实守信的原则。

第31条　建立门店调价管理制度,包括价格目标管理制度、定调价程序管理制度、价格配套管理制度等。

第32条　遵守市场竞争秩序,不得进行市场价格恶性竞争。

4.1.4　阶梯价格促销：多买、再多买

阶梯价格促销，对于零售行业，主要指在一定的数量里享受一定的折扣。购买数量越多，折扣力度越大。进行阶梯价格促销，能够吸引消费者的注意力，提高消费者的购买欲望。

（1）阶梯价格促销策略

可供选择的阶梯价格促销策略如表 4-6 所示。

表 4-6　可供选择的阶梯价格促销策略

策略	策略详情	存在问题	解决措施
随时间变化价格优惠力度逐渐减小	商品的价格随着时间的推移出现阶梯式的变化,给顾客造成一种时间上的紧迫感,越早买越划算,减少买家的犹豫时间,促使其冲动购物	优惠详情太复杂,造成消费者无法及时了解优惠	门店内部商品展架处粘贴实时优惠力度告示
		购物数量无限制、导致促销商品不足	合理设置购买上限
		某一时间段顾客大量拥挤,产生安全隐患	采取线上提前预约线下提货机制,预估人流量大小,并进行人流分流
随着购买数量增加价格优惠力度逐渐增大	商品的价格随着购买数量的增加出现阶梯式的变化,给顾客造成一种买得越多越划算的感觉,促使销售数量上升	购物数量无限制、导致促销商品不足	对促销商品的库存进行盘点,合理设置购买上限
		优惠金额差距较小,难以吸引消费者进行较多数量的消费	每一阶梯的价格优惠不等比,购买数量越多,优惠力度越大

（2）阶梯价格促销方案

为了达到促销目的，达成门店销售目标，需结合促销商品及优惠力度进行目标规划，制定阶梯价格促销方案。以下是阶梯价格促销方案，供读者参考。

方案名称	阶梯价格促销方案	编　号	
		受控状态	

一、目标

1.解决库存积压,在一定时间段内,提高商品销售量。

2.创新促销方式,增加商品对消费者的吸引力。

3.进一步扩大市场份额,增加销售。

二、适用范围

该方案适用于零售行业指导门店零售商品的阶梯价格促销工作。

三、岗位职责

1.门店店长负责门店的促销方案执行效果监督工作。

2.门店销售人员负责促销活动的执行工作。

3.门店安保人员负责促销活动现场的秩序维护及顾客向导工作。

四、阶梯价格促销流程

1.确定促销主题。如多买多划算、限时大促销。

2.确定优惠力度。以下是一些优惠做法,可供参考。

(1)商品总价满15元减2元;满25元减5元;满50元减10元;满100元减20元;满200元减50元等。

(2)促销活动开始前三天,商品享半价优惠;活动开始三天后,商品享7折优惠;活动开始一周后,商品享9折优惠等。

3.优惠力度执行。筛选出参与活动的商品,根据价格促销主题及优惠力度进行系统调价预设。

4.促销活动预热。

(1)派发传单。到人流量密集的区域进行传单派发。根据促销的商品定位目标人群,到目标人群主要聚集区域进行传单派发。

(2)公众号推送。进行门店官方公众号促销信息推送。推送频率可根据文章阅读量进行灵活调整。

(3)设置商品体验区进行宣传。在门店外部及门店周边人流集聚区设置小型商品体验区,现场摆放少量参与促销的商品,引导顾客进行商品试吃或试用。

5.活动现场布置。

(1)进行海报张贴。进行现场海报张贴,广告牌摆放。

(2)进行商品陈列。用大量的商品陈列,营造视觉上的冲击效果。

(3)体验区展台布置。如烹饪用具的准备、展示台装饰。

6.促销商品盘点。

(1)活动开始前盘点。促销活动开始前,需进行库存商品盘点,根据商品数量及人流量预计活动周期。

(2)活动进行时盘点。促销活动进行时,每日进行库存商品动态跟踪,保证商品正常供给。

(3)活动结束后盘点。促销活动结束后,进行促销商品销售数量及在库数量盘点,以便于复盘促销效果。

7.促销活动开展。

(1)引导消费者进入促销现场。通过具有吸引力的话术,具有吸引力的海报,引导消费者进入促销现场。

（2）商品及时补货。及时盘点现场促销商品数量，及时补充商品陈列区的商品。

（3）商品结算。根据预估人流量设置充足的收银人工窗口和自助买单通道，如有需要，可设置临时商品结算窗口。

（4）促销现场维护。

① 人流引导。进行促销现场消费者人流引导，邀请其进入促销现场。

② 秩序维护。进行促销现场秩序维护，避免混乱引起的人员踩踏等现象。

③ 卫生维护。在商品体验区设置垃圾桶，引导消费者试吃后垃圾扔进垃圾桶内。如遇下雨天，需安排保洁人员进行活动现场清扫，避免地面积水引起打滑。

五、常见问题及解决

问题一：活动吸引力强，人流量过大，造成拥堵现象。

解决措施：

1. 对人流量进行合理预估，根据门店的位置及门店人流量合理设置促销活动点。

2. 控制同一时间段进店人数。当门店人流量过载时，在促销现场入口处设置暂停进入提示牌。

3. 通过微信官方公众号进行进店人数实时播报，让消费者了解人流，合理调整个人购物计划时间。

问题二：活动吸引力弱，消费者参与力度不高。

解决措施：

1. 加大前期宣传力度。文章标题新颖，优惠力度明显，活动参与方式、参与时间、优惠力度等信息进行着重标注。

2. 加大促销现场的宣传力度。利用大型玩偶派发传单。

3. 丰富促销现场的活动形式，增强活动吸引力。如每买满 100 元可享受 1 次抽奖、安排节目表演等。

4. 对宣传人员进行商品相关专业知识培训，提高消费者对商品本身的关注度。

5. 在进行价格促销活动策划前，充分调查市场信息，了解消费者消费心理。

六、附则

1. 本方案由市场营销部负责编制、解释与修订。

2. 本方案自××××年××月××日起生效。

执行部门		监督部门		编修部门	
执行责任人		监督责任人		编修责任人	

4.1.5 折扣促销：销量制胜

折扣价格是指销售者为回报或鼓励购买者进行购买而进行的促销手段，如批量购买、提前付款、淡季购买等，将其商品基本价格调低，为消费者提供一定比例的价格优惠。

（1）折扣促销策略

门店折扣促销策略如表 4-7 所示。

表 4-7　门店折扣促销策略

策略	策略详情	适用商品	存在问题	解决措施
数量折扣促销	为了提高商品销量而采取的销售策略	临期商品	商品质量存在问题，引起消费者商品属于临期品信任危机	明确提示消费者商品属于临期品
		低值高库存商品	成本过高，造成营业额亏损	进行折扣促销前进行全面的商品财务预算，制定合理且可观的折扣力度
		易变质商品	商品质量问题	明确标识商品生产日期及保质期等信息，并在顾客付款时进行温馨提示
新品上市折扣促销	为了加大消费者对新品的关注度及接受力度，进行新品上市折扣促销活动	需要升级换代的商品	新品的畅销反向造成旧品库存积压	分布折扣促销。先进行库存商品折扣促销，库存商品完毕再进行新品折扣促销活动
换季折扣促销	换季清仓，进行折扣销售当季商品	季节限定商品	消费者对商品的喜爱程度易受时间等因素的影响	加大折扣力度，与当季火爆商品捆绑销售
节假日折扣促销	为迎合市场需求，销售节假日限定商品	节日相关礼品及日常用品	商品折扣促销易受时效性因素的影响，易造成节假日后售库存积压	折扣促销策略需进行提前规划并确定，实时进行商品盘点，根据商品库存积压状况，及时调整折扣力度

（2）折扣促销方案

为确保折扣促销活动如期进行，需要进行阶梯价格促销方案的策划，确定最合理的折扣力度及活动时间，提高商品对消费者的吸引力，最终达到促销目的。

以下是折扣促销方案，供参考。

方案名称	折扣促销方案	编　号	
		受控状态	

一、目标

1.消化库存积压和换季商品,在一定时间段内,提高商品销售量。

2.扩大新品的市场接受度。

3.有效掌握消费者习惯。

二、适用范围

该方案适用于零售行业指导门店零售商品的折扣促销工作。

三、岗位职责

1.门店店长负责门店的促销方案执行效果监督工作。

2.门店销售人员负责促销活动的执行工作。

3.门店安保人员负责促销活动现场的秩序维护及顾客向导工作。

四、折扣促销流程

1.确定促销商品。促销商品为销量较低的部分商品、新品、换季商品等。

2.确定促销主题。

(1)国庆节狂欢购。

(2)新品上市优惠多。

(3)"双十一"狂欢购。

3.确定促销对象。本次商品折扣促销主要针对上班族、学生等人群。

4.确定促销门店。

(1)全国所有连锁门店统一享有折扣。

(2)针对存在商品库存积压的部分门店进行折扣促销。

(3)针对销量排名落后的门店进行折扣促销。

5.确定折扣方式。

(1)购买1件享受9折优惠,购买2件享受7折优惠,购买3件及以上享受5折优惠。

(2)全场商品9折优惠,部分商品无门槛8折优惠。

(3)进店注册会员。新会员享受满100元打9折优惠,老会员享受满100元打7折优惠。

6.优惠力度执行。选出参与活动的商品,根据优惠力度及折扣方式进行系统调价预设。

7.促销活动预热。

(1)派发传单。进入办公楼咖啡厅、各大商场入口处、住宅区小区门口派发促销传单。

（2）公众号推送。门店官方公众号促销信息推送。

（3）各门店张贴海报预热宣传。

8.活动现场布置。

（1）更新海报。进行现场海报张贴，广告牌摆放。

（2）商品陈列。用大量的商品陈列，营造视觉上的冲击效果。

（3）体验区展台布置。如烹饪用具的准备、展示台装饰。

9.促销商品盘点。

（1）活动开始前盘点。促销活动开始前，需进行库存商品盘点，根据商品数量及人流量预计活动周期。

（2）活动进行时盘点。促销活动进行时，每日进行库存商品动态跟踪，保证商品正常供给。

（3）活动结束后盘点。促销活动结束后，进行促销商品销售数量及在库数量盘点，以便于复盘促销效果。

10.促销活动开展。

（1）引导消费者进入促销现场。通过具有吸引力的话术，具有吸引力的海报，引导消费者进入促销现场。

（2）商品及时补货。及时盘点现场促销商品数量，及时补充商品陈列区的商品。

（3）商品结算。根据预估人流量设置充足的收银人工窗口和自助买单通道，如有需要，可设置临时商品结算窗口。

（4）促销现场维护。

① 人流引导。进行促销现场消费者人流引导，邀请其进入促销现场。

② 秩序维护。进行促销现场秩序维护，避免混乱引起的人员踩踏等现象。

③ 卫生维护。在商品体验区设置垃圾桶，引导消费者试吃后垃圾扔进垃圾桶内。如遇下雨天，需安排保洁人员进行活动现场清扫，避免地面积水引起打滑。

五、常见问题及解决措施

问题一：新老顾客折扣力度不明显，难以吸引新顾客，难以留住老顾客。

解决措施：

1.扩大折扣区间。明确区分新老顾客的折扣优惠力度。

2.新顾客注册会员赠送小礼品。

3.活动开始前，进行老顾客满意度问卷调查，改善服务。

问题二：商品在促销活动进行过程中供给不足。

解决措施：

1.前期做好商品库存盘点。

2.根据商品库存合理预估促销活动开展周期。

3.选出同类型可替代品，若商品断货可进行及时替代补充。

问题三：折扣力度过大、打折过于频繁、宣传语过于夸张，造成顾客的不信任。

解决措施：

1.同一商品打折不宜频繁。

2.将打折力度控制在合理区间。

3.广告宣传语不宜夸大,要实事求是进行宣传。

六、附则

1.本方案由市场营销部负责编制、解释与修订。

2.本方案自××××年××月××日起生效。

执行部门		监督部门		编修部门	
执行责任人		监督责任人		编修责任人	

4.1.6 超值促销：买到就是赚到

超值促销主要是通过抓住消费者的消费心理,利用多种促销方式让消费者感受到物有所值、物超所值。门店进行超值促销,有利于吸引消费者的关注度、扩大商品的知名度,引导消费者进行购买。

（1）门店制定超值促销策略

超值促销策略如表 4-8 所示。

表 4-8　超值促销策略

策略	策略详情	存在问题	解决措施
大额优惠券发放	发放大额优惠券,让消费者心理上感觉到不买就错失机会的心理落差	大量领取优惠券,产生优惠券倒卖现象	通过 APP 发放优惠券,实名领取且每人限领一次,付款时现场核销优惠券。标明大额优惠券使用时间和可以使用商品
买一赠多	通过多数量的优势,让消费者感受到获利多多	赠送的商品供应不足	了解消费者购买偏好,创新赠品种类,搭配具有吸引力的商品进行促销
超值换购	回收旧商品,销售新商品	换购商品标准难以统一,现场工作人员工作难度加大	明确换购商品的标准及质量要求,规范换购流程

（2）门店超值促销方案

门店进行超值促销方案的设计,有利于门店充分掌握超值促销的全过程,预测在进行超值促销时可能会出现的问题并进行规避。

以下是门店超值促销方案,供参考。

方案名称	超值促销方案	编　号	
		受控状态	

一、目标

1.增加商品对消费者的吸引力,促成消费者购买商品。

2.提高商品口碑,增强消费者对商品的忠诚度。

3.抢占市场份额。

二、适用范围

该方案适用于零售行业指导门店零售商品的超值促销工作。

三、岗位职责

1.门店店长负责门店的促销方案执行效果监督工作。

2.门店销售人员负责促销活动的执行工作。

3.门店安保人员负责促销活动现场的秩序维护及顾客向导工作。

四、折扣促销流程

1.确定促销商品。确定超值促销的主推商品和附加赠送商品,对附加赠送商品的价值进行全面预估,控制成本预算。

2.确定促销主题。如超值换购、国庆节大额优惠券超值购、买一赠多超值购。

3.确定促销对象。如本次商品超值促销主要针对家庭主妇、中老年人群。

4.确定促销门店。全国所有连锁门店统一享有超值优惠。

5.确定优惠方式。以下是一些优惠做法,可供参考。

(1)三个原商品包装盒可换购一件同类型新商品,最多换购两件。

(2)国庆节期间,针对部分销量较差的商品发放优惠券,买家付款时可用优惠券抵扣。

(3)买一件促销商品随机赠送三件店内其他商品。赠送商品的总价值不超过所付款购买商品的20%。

6.优惠力度执行。选出参与活动的商品,根据优惠力度及折扣方式进行系统调价预设。

7.促销活动预热。

(1)派发传单。进入住宅区小区门口派发促销传单。

(2)公众号推送。门店官方公众号促销信息推送。

(3)门店内部及外部张贴海报预热宣传。

8.活动现场布置。

(1)更新海报。进行现场海报张贴,广告牌摆放。

(2)商品陈列。用大量的商品陈列,营造视觉上的冲击效果。

(3)促销商品与赠送商品分区摆放,在显眼位置标明价格。可根据门店当天促销商品售卖情况,参考销量较高的组合,固定搭配多套买一赠多的组合,提供给消费者选择及参考。

9.促销商品盘点。

(1)活动开始前盘点。促销活动开始前,需进行库存商品盘点,根据商品数量及人流量预计活动周期。

(2)活动进行时盘点。促销活动进行时,每日进行库存商品动态跟踪,保证商品正常供给。

（3）活动结束后盘点。促销活动结束后,进行促销商品销售数量及在库数量盘点,以便于复盘促销效果。

10. 促销活动开展。

（1）引导消费者进入促销现场。通过具有吸引力的话术,具有吸引力的海报,引导消费者进入促销现场。

（2）商品及时补货。及时盘点现场促销商品数量,及时补充商品陈列区的商品。

（3）商品结算。根据预估人流量设置充足的收银人工窗口和自助买单通道,如有需要,可设置临时商品结算窗口。

（4）促销现场维护。

门店销售人员协助门店安保人员进行门店促销现场消费者人流引导、进行促销现场秩序维护、保障门店现场的卫生整洁等事项。

五、常见问题及解决

问题一:优惠券多领或漏领,出现倒卖优惠券现象,给门店造成负面影响。

解决措施:

1. 通过门店官方微信公众号的小程序发放优惠券,消费者实名领取优惠券。

2. 门店销售人员在进行广告宣传时需强调优惠券使用时间及规则,并标注"最终解释权归本店所有"等字样。

3. 发现优惠券代付情况要及时进行制止,门店现场营销人员协助顾客进行手机领券操作。

问题二:赠品以次充好、货不对板,导致消费者对门店的好感度降低。

解决措施:

1. 检查并规范赠品质量,坚决杜绝以次充好。

2. 丰富赠品的种类,提高商品对消费者的吸引力。

3. 门店海报中明确标识赠品的品牌、容量等,提高消费者对门店的好感度和信任度。

六、附则

1. 本方案由市场营销部负责编制、解释与修订。

2. 本方案自××××年××月××日起生效。

执行部门		监督部门		编修部门	
执行责任人		监督责任人		编修责任人	

4.1.7 抢购促销:再不买,就亏了

抢购促销主要是通过在一定时间段或一定数量内降低商品价格的形式,给消费者营造一种"抓紧时间买,不买就亏了"的感觉,激发消费者购买该商品的欲望。

（1）门店抢购促销策略

门店抢购促销策略如表4-9所示。

表 4-9　门店抢购促销策略

策略	策略详情	存在问题	解决措施
限时抢购促销	固定抢购促销的时间，在固定的时间内享受远低于日常价格的优惠	促销时间设置不合理，导致消费者到店过多	对日常消费者到店人流量进行统计并区分，标记人流量高峰点。限时促销宜选择人流量较少时间段
		同一时间内门店涌入大量消费者，存在安全隐患	加强现场安保人员的工作素质培训，维护现场秩序
		收银台较少，浪费大量时间，效率较低	设置临时收银处，消费者可直接扫描收款二维码进行付款
限量抢购促销	固定促销商品数量，在一定数量里享受远低于平时价格的优惠	促销商品数量供给不及时，出现断货现象	安排工作人员进行促销现场流程跟进，及时补充商品
		商品供不应求，门店内部涌入大量消费者	可采取线上预约抽奖，中奖用户在规定时间内到线下门店进行付款取货
		商品吸引力低，消费者购买欲望小	商品数量不宜过多，可实行饥饿营销

（2）抢购促销方案

通过制定详细的抢购促销方案，可以提高门店促销活动的促销效果，促进促销活动高效执行。所以，门店需要进行详细的抢购促销方案设计，对可能出现的问题进行风险预警及风险解除。

以下是抢购促销方案，供参考。

方案名称	抢购促销方案	编　号	
		受控状态	

一、目标
1.获取更高的市场关注度。
2.提高门店竞争优势。
3.获取更多的新用户。
二、适用范围
该方案适用于零售行业指导门店零售商品的抢购促销工作。
三、岗位职责
1.门店店长负责门店的促销方案执行效果监督工作。
2.门店销售人员负责促销活动的执行工作。

3.门店安保人员负责促销活动现场的秩序维护及顾客向导工作。

四、抢购促销流程

1.确定促销商品。抢购商品主要为新品或消费者接受度较高的商品。

2.确定促销主题。限时抢购、限量抢购。

3.确定促销对象。本次商品促销对象主要针对中老年人群体及大学生群体。

4.确定促销门店。本次抢购促销限定在全国省会城市中人流量较大的门店。

5.确定优惠方式。以下是一些优惠做法,可供参考。

(1)限时优惠5折。每人限量购买5件。

(2)限量优惠5折。每人限量购买5件。

6.优惠力度执行。选出参与活动的商品,根据优惠力度及折扣方式进行系统调价预设。

7.促销活动预热。

(1)派发传单。在门店门口、老年人活动中心、学校门口等地派发促销传单。

(2)公众号推送。门店官方公众号促销信息推送。

(3)门店内部及外部张贴海报预热宣传。

8.活动现场布置。

(1)更新海报。进行现场海报张贴,广告牌摆放。

(2)商品陈列。用大量的商品陈列,营造视觉上的冲击效果。

(3)在显眼位置标明原价及抢购价格。

9.促销商品盘点。

(1)活动开始前盘点。促销活动开始前,需进行库存商品盘点,确保商品正常供给。

(2)活动进行时盘点。促销活动进行时,每日进行库存商品动态跟踪,保证商品正常供给。

(3)活动结束后盘点。促销活动结束后,进行促销商品销售数量及在库数量盘点,以便于复盘促销效果。

10.促销活动开展。

(1)引导消费者进入促销现场。通过具有吸引力的话术,具有吸引力的海报,引导消费者进入促销现场。

(2)门店销售人员对商品进行详细介绍,引导消费者购买。

(3)商品付款结算。根据预估人流量设置充足的收银人工窗口和自助买单通道,如有需要,可设置临时商品结算窗口。

(4)促销现场维护。

门店销售人员协助门店安保人员进行门店促销现场消费者人流引导、进行促销现场秩序维护、保障门店现场的卫生整洁等事项。

五、常见问题及解决措施

问题一:同一时间段涌入大量消费者,存在安全隐患。

解决措施:

1.通过门店官方微信公众号的小程序进行抢购预约,预约成功的用户在规定时间段内到门店付款提货。

2.门店安保人员要加强现场人员疏导,协助引导消费者进行购买及付款。

3.在门店入口处发放实时人流量号码牌,当进入门店的人数超过可容纳人数的最高值时暂停进入门店。

问题二：抢购商品吸引力度不高，到店人数远少于预期。

解决措施：

1. 进行抢购商品确认前，要充分了解市场，了解对消费者吸引力较大的商品类型。

2. 创新广告宣传模式，强调购买点及优惠力度。

3. 弱化门店内同类型商品的销售，强化门店内促销商品的优势。

六、附则

1. 本方案由市场营销部负责编制、解释与修订。

2. 本方案自××××年××月××日起生效。

执行部门		监督部门		编修部门	
执行责任人		监督责任人		编修责任人	

4.1.8 组合促销：1+1＞2

组合促销是通过不同商品之间、商品与附加服务之间的特性，进行组合销售，使商品促销达到"1+1＞2"的效果。组合促销的最终目的是提高商品知名度，扩大促销活动的吸引力，提高市场份额。

（1）门店组合促销策略

门店的组合促销策略如表4-10所示。

表4-10 门店的组合促销策略

策略	策略详情	存在问题	解决措施
同类型的相关商品组合	销售主要商品，搭配使用及功能同类型商品。如牙膏和牙刷、洗发水和护发素	组合商品搭配不合理，难以吸引消费者	在了解门店促销商品种类的基础上，结合消费者购物偏好，合理搭配商品组合
		组合商品价格高于单件商品价格	在进行全面的成本预算的前提下，合理设置组合促销商品的价格，让利消费者
不同类型的相关商品组合	销售主要商品，搭配不同使用场景及功能的次要商品。如毛巾和牛奶	组合商品的价位差别大，造成消费者对次要商品的功能性产生负面评价	进行商品组合促销时，要结合商品的功能进行合理搭配，主要商品与次要商品的价格相差不能过大
商品与服务组合	通过与其他行业商家合作的形式，销售本门店商品，搭配其他商家的代金券，实现双赢。如购买本店促销商品，送火锅店代金券	组合促销合作商家选择过于相似，弱化了本门店商品的吸引力，降低了优势	对于合作商家需前期进行全方位的考察，谨慎选择

（2）门店组合促销方案

门店组合促销通过商品及优惠吸引消费者关注门店的活动。但往往只达到了吸引流量的效果，门店成交量却不高。所以，为了使组合促销达到促销目的，吸引消费者下单购买，门店营销团队需要进行全面的组合促销方案策划。

以下是门店组合促销方案，供参考。

方案名称	门店组合促销方案	编　号	
		受控状态	

一、目标

1.减少消费者选择时间，提高门店的工作效率，提高消费者的购买率。

2.进一步了解消费者购买习惯及消费者需求。

3.了解市场，为探寻更多的合作机遇以及组合营销模式奠定基础。

二、适用范围

该方案适用于零售行业指导门店零售商品的组合促销工作。

三、岗位职责

1.门店店长负责门店的促销方案执行效果监督工作。

2.门店销售人员负责促销活动的执行工作。

3.门店安保人员负责促销活动现场的秩序维护及顾客向导工作。

四、组合促销流程

1.确定促销商品组合模式。进行消费者购买偏好调查，选择需要进行组合的促销商品。可选择易受消费者喜爱商品＋不易受消费者喜爱商品、同类型不同功能商品、高值商品＋低值商品等组合。

2.确定促销主题。节假日限定套装、×××一站式采购超值套装。

3.确定促销对象。本次商品促销对象主要为家庭主妇、上班族等群体。

4.确定促销门店。本次组合促销限定在全国省会城市中人流量较大的门店。

5.确定优惠方式。以下是一些优惠做法，可供参考。

（1）高于单件商品价格。根据限定套装的定位，商品功能及价值不变，改变商品的包装，高于商品原本价格出售。

（2）低于单件商品价格。以低于单独购买时的价格进行销售。

6.优惠力度执行。选出参与活动的商品，根据优惠力度及折扣方式进行系统调价预设。

7.促销活动预热。

（1）派发传单。在门店门口、住宅区小区门口等地派发促销传单。

（2）公众号推送。门店官方公众号促销信息推送。

（3）门店内部及外部张贴海报预热宣传。

8.活动现场布置。

（1）更新海报。进行现场海报张贴，广告牌摆放。

（2）商品陈列。用大量的商品陈列，营造视觉上的冲击效果。不同的组合套装分区域摆放，方便消费者选择并购买。

（3）在显眼位置标明原价及组合价格，突出优惠价格。

9. 促销商品盘点。

（1）活动开始前盘点。促销活动开始前，需进行库存商品盘点，确保商品正常供给。

（2）活动进行时盘点。促销活动进行时，每日进行库存商品动态跟踪，保证商品正常供给。

（3）活动结束后盘点。促销活动结束后，进行促销商品销售数量及在库数量盘点，以便于复盘促销效果。

10. 促销活动开展。

（1）引导消费者进入促销现场。通过具有吸引力的话术，具有吸引力的海报，引导消费者进入促销现场。

（2）门店销售人员对商品进行详细介绍，引导消费者购买。

（3）商品付款结算。根据预估人流量设置充足的收银人工窗口和自助买单通道，如有需要，可设置临时商品结算窗口。

（4）促销现场维护。

门店销售人员协助门店安保人员进行门店促销现场消费者人流引导、进行促销现场秩序维护、保障门店现场的卫生整洁等事项。

五、常见问题及解决

问题一：组合商品缺乏吸引力，市场喜爱度不高。

解决措施：

1. 优化组合套装商品包装，设计新颖，提高商品的吸引力。

2. 创新宣传渠道及宣传模式，提高商品关注度。

3. 打造限量组合套装的理念，提高消费者对商品的关注度。

问题二：组合商品价格不合理，消费者宁愿单独购买商品。

解决措施：

1. 进行组合商品定价前，进行充分的市场价格调研，在市场合理价格区间内定价。

2. 设计商品包装，打造组合商品的亮点，提高商品的价值。

3. 进行消费者购买意愿度调查，了解消费者对商品的喜好程度及价格接受度，合理制定价格。

六、附则

1. 本方案由市场营销部负责编制、解释与修订。

2. 本方案自××××年××月××日起生效。

执行部门		监督部门		编修部门	
执行责任人		监督责任人		编修责任人	

线上促销的 8 种活动方法

线上促销在店铺运营中必不可少，结合当前消费者浏览信息习惯，线上促销通过个性化的线上促销信息，新颖的广告宣传，吸引消费者的注意力，增加门店的曝光率。所以，进行线上促销活动设计在门店促销中非常必要。

4.2.1 线上促销信息发布：重实质

门店开展促销活动时，要利用好线上渠道，发布促销信息，扩大受众群体，从而达到事半功倍的效果。线上促销信息发布注意事项如图 4-1 所示。

线上促销信息发布注意事项

1.广告传达信息准确无误

2.广告信息发布及时

3.信息简单明确，强调商品亮点，传递信息易懂

4.对广告发布渠道进行风险评估

5.注意信息发布频率适度原则，避免营销过度，造成大众反感

6.规范门店账号后台运营团队管理

图 4-1　线上促销信息发布注意事项

4.2.2 线上网络广告宣传：全覆盖

在互联网飞速发展的时代背景下，消费者了解信息的渠道更加多元，消费者也更加倾向于通过网络了解信息。所以，门店要抓住时代带来的便利，利用好线上网络宣传渠道及其他各种网络资源，将信息及时传达到消费者手中。

（1）门店线上网络广告宣传渠道选择

门店线上网络广告宣传渠道多种多样，常见的有门店官网、微信公众号、微信视频号、微信朋友圈等。各种宣传渠道的使用各有不同，在具体实施中应根据具体情况灵活选择。门店线上网络广告宣传渠道说明如表 4-11 所示。

表 4-11　门店线上网络广告宣传渠道说明

序号	渠道	说明
1	门店官网	门店官方网站发布广告信息
2	微信公众号	通过官方微信公众号发布图文形式的宣传广告
3	微信视频号	通过微信视频号发布视频形式的宣传广告
4	微信朋友圈	通过微信朋友圈发布日常商品折扣信息
5	微博	通过官方账号发布广告,与微博大 V 合作推广,增加广告阅读量
6	豆瓣	通过官方账号发布广告,与豆瓣官方合作,文章置顶,增加广告阅读量
7	知乎	通过官方账号发布广告,与粉丝活跃数量多的资深账号合作推广,增加广告阅读量
8	小红书	通过官方账号发布广告,与小红书知名博主合作,博主分享商品体验视频,增加曝光度
9	哔哩哔哩	通过官方账号发布视频形式的宣传广告
10	抖音	通过官方账号发布视频形式的宣传广告
11	火山小视频	通过官方账号发布视频形式的宣传广告
12	快手	通过官方账号发布视频形式的宣传广告
13	今日头条	通过官方账号发布图文形式的宣传广告
14	美团	通过与美团合作推广,首页置顶、开屏广告
15	饿了么	通过与饿了么合作推广,首页置顶、开屏广告

（2）线上网络广告宣传方案

门店进行线上网络广告宣传,能够帮助门店实现引流的目的,吸引消费者进行购买。同时,通过方案的制定,完善广告宣传的流程,不同岗位监督职责也更加清晰,使得门店各部门间的运转更加高效。以下是线上网络广告宣传方案,供参考。

方案名称	线上网络广告宣传方案	编　　号	
		受控状态	

一、目标

1. 为门店引流,提高门店商品在消费者心中的知名度。

2. 更好地宣传商品,吸引消费者购买商品。

3. 打造门店品牌,提高门店的影响力。

二、适用范围

该方案适用于零售行业指导门店线上网络广告宣传工作。

三、岗位职责

1. 门店店长负责门店线上网络广告宣传方案执行的效果监督工作。

2. 门店宣传人员负责线上网络广告宣传方案的策划工作。

3. 门店销售人员负责线上网络广告宣传方案的执行工作。

4. 门店线上客服人员负责线上客户服务工作。

四、广告宣传活动流程

1. 确定广告宣传商品。

2. 确定广告宣传对象。根据目标商品定位目标人群。

3. 确定广告宣传时间。

(1)长期或短期。

根据广告的内容,广告投放时间可选择长期投放或短期投放。广告内容可根据宣传效果进行动态调整。

(2)特殊节日限定。

该类型广告主要为迎合节日消费者的消费需求而产生。如520表白季、六月毕业季、七夕节、国庆狂欢季等。

4. 确定广告宣传主题。根据商品性质及广告投放时间等确定广告宣传主题。

5. 确定广告内容及形式。根据商品类型,选择图片海报和视频结合的形式进行宣传。创新海报内容,突出商品主体。

6. 确定广告投放渠道。

(1)根据财务预算,进行多渠道投放。具体投放渠道如微信公众号、微信视频号、微博、豆瓣、知乎、抖音、火山小视频、今日头条等。

(2)进行渠道选择时,需进行全面的渠道流量变现能力评估,择优选取渠道商。

7. 进行宣传广告优化。根据投放渠道的不同,设计不同的宣传文案,优化宣传广告,吸引不同渠道的用户关注。

8. 确定最终宣传广告。进行渠道优化,宣传广告文案优化后,确定最终宣传广告。

五、广告宣传方案执行

1. 根据所选择的广告宣传渠道进行广告投放。

(1)广告宣传渠道不宜过多,过多则营销痕迹太重,引起消费者的反感。

(2)控制成本预算。

2. 邀请形象大使、代言人录制宣传视频,提高广告的影响力。

(1)对形象大使、代言人进行综合评估,避免产生信任危机。

(2)控制成本预算。

3. 进行动态的广告推送调整。

(1)广告推送频率要适当,避免消费者产生反感厌恶情绪。

(2)广告文案部分的次要信息可根据时间的变化进行变化。

(3)根据不同渠道推送广告效果的不同,选择效果较好的渠道进行高频率的广告推送。

4.门店线上客服人员进行问题解答。门店线上客服人员及时关注各渠道的广告宣传信息发布平台,解答消费者关于广告宣传内容的疑问。

六、广告宣传方案效果监督

1.监督各大线上平台用户对广告的关注度。

2.查看商品销量的变化情况,计算转化率。

3.根据转化率及宣传效果,进行宣传方案的动态优化。

七、附则

1.本方案由市场营销部负责编制、解释与修订。

2.本方案自××××年××月××日起生效。

执行部门		监督部门		编修部门	
执行责任人		监督责任人		编修责任人	

4.2.9 个性化线上促销发布·有特点

个性化线上促销主要通过个性化的促销文案、个性化的宣传主题,达到线上促销的目的。在当前消费环境下,与时俱进和创新意识是个性化的核心。门店可通过创新促销文案及宣传主题,进行个性化线上促销信息的发布,达到吸引消费者眼球的目的。

个性化线上促销发布要点如图 4-2 所示。

个性化线上促销发布要点

1.宣传文案大胆创新,根据目标群体进行设计,以吸引更多的消费者

2.线上促销信息要形象、多样化

3.言论正确,不违反国家法律法规

4.所传递的价值观要正向、积极

5.宣传门店商品品牌的个性化理念

6.强调个性化的同时对消费者的消费行为及观念保持尊重

7.及时关注消费者对所发布的个性化线上促销信息的反馈并进行动态调整

图 4-2 个性化线上促销发布要点

4.2.4 线上会员促销活动：精准促销

线上会员促销主要是针对会员而进行的促销方式。该活动所面对的客户群体针对性强，客户的意向度高，能够促成购买的概率大。通过开展线上会员促销活动，能够很好地培养消费者对门店商品的忠诚度。

（1）线上会员促销活动的策划步骤

线上会员促销是门店建立与客户长期关系的重要途径。门店进行线上会员促销活动策划，能够达到精准促销的目的。线上会员促销活动的策划步骤如表4-12所示。

表4-12 线上会员促销活动的策划步骤

序号	策划步骤	策划建议
1	确定活动目的	回馈老会员、吸引新会员注册
2	确定活动主题	"新老顾客福利大放送"线上会员促销
3	确定活动对象	门店老会员及潜在的新会员群体
4	确定活动时间	门店周年庆、黄金节假日
5	确定预算成本	根据预计销售量及成本投入进行合理定制预算
6	具体活动方案设计	① 确定岗位职责及分工 ② 制定促销活动优惠方式方法 ③ 确定参与线上促销条件 ④ 进行活动海报设计
7	活动方案细节优化	根据经费预算进行活动方案优化
8	活动执行	① 活动广告宣传预热 ② 在线客服答疑 ③ 在线销售数据统计

（2）线上会员促销方案

在行业竞争日趋严重的现状下，门店可通过制定具有吸引力的线上会员促销方案，吸引消费者关注线上店铺，从而促进消费者对门店商品的进一步了解，对店铺形成依赖，使得消费者形成习惯性消费。以下是线上会员促销方案，供参考。

方案名称	线上会员促销方案	编　号	
		受控状态	

一、目标

1.回馈老会员,吸引新会员。

2.提高消费者对线上门店的关注度。

3.提高门店线上销量。

二、适用范围

该方案适用于零售行业指导门店线上会员促销工作。

三、岗位职责

1.门店店长负责门店线上会员促销方案执行的效果监督工作。

2.门店宣传人员负责线上会员促销方案的策划工作。

3.门店销售人员负责线上会员促销活动的执行工作。

4.门店线上客服人员负责线上客户服务工作。

四、线上会员促销活动流程

1.确定活动目的。本次线上会员促销活动主要为回馈老会员、吸引新会员。

2.确定活动对象。门店所有老会员及潜在新会员群体。

3.确定促销活动时间。

根据针对对象的不同,活动时间有所不同。

(1)为吸引更多潜在用户,新顾客注册会员赠送新人会员礼的活动长期有效。

(2)针对老顾客的回馈促销活动分周期性举行。主要选择特殊节日、周年庆的时候开展促销活动。

4.促销活动具体内容。

(1)新会员。

①门店新顾客注册会员享有无门槛购买新人礼包权限。新人礼包不单独发货,随购买商品一起发货。

②新会员享有无门槛优惠券20元,限领取后24小时内使用。

③新会员享有限时新品折扣8折。

(2)老会员。

①门店老顾客进入线上店铺签到享受老粉会员礼包,礼包不单独发货,随购买商品一起发货。

②老会员享有老粉回馈无门槛优惠券30元,限领取后24小时内使用。

③老会员享有限时新品折扣7折。

5.制作宣传广告海报。

(1)海报画面协调,字体采用艺术字。

(2)突出客户回馈字样。

(3)着重宣传会员可享受优惠。

6.进行宣传广告优化。

7.确定最终宣传广告。

五、线上会员促销活动执行

1.宣传广告投放。

(1)购物 APP 首页推送。

(2)抖音、微博等平台推送广告并附上购买链接。

(3)根据会员注册信息,发送手机短信。短信内容要注明优惠信息及优惠活动,吸引消费者关注促销信息。

2.广告投放注意事项。

(1)广告宣传渠道不宜过多,过多则营销痕迹太重,引起消费者的反感。

(2)控制广告投放成本预算。

3.进行动态的广告推送调整。

(1)根据活动时间海报实时更新,强调倒计时的概念,刺激消费者进行会员注册并下单购买。

(2)广告文案部分的次要信息可根据时间的变化进行变化。

(3)根据不同渠道推送广告效果的不同,选择效果较好的渠道进行高频率的广告推送。

4.吸引消费者进入线上店铺下单购买。

5.门店线上客服人员进行问题解答。

门店线上客服人员 24 小时服务,解答消费者关于活动及商品本身的疑问。

六、线上会员促销活动效果监督

1.监督各大线上平台消费者对线上促销活动的关注度。

2.查看新注册会员数量,计算促销活动的转化率。

3.根据转化率及宣传效果,进行促销活动方案的动态优化。

七、附则

1.本方案由市场营销部负责编制、解释与修订。

2.本方案自××××年××月××日起生效。

执行部门		监督部门		编修部门	
执行责任人		监督责任人		编修责任人	

4.2.5 线上网店促销：人气引流中的促销

线上网店促销主要是通过创新网店设计、提高店铺的曝光率等方式,激发消费者进入店铺了解商品的欲望。线上网店以商品种类全、购买方便等优势,逐步成为主要的购买渠道。所以,进行线上网店促销策划非常必要。

（1）线上网店促销策划步骤

想要做好线上网店促销策划并不是一件容易的事情,需要从整体上考虑。通常线上网店促销策划步骤都离不开如表 4-13 所示的八个步骤。

表 4-13　线上网店促销策划步骤

序号	策划步骤	策划建议
1	确定活动目的	网店引流,提高店铺商品竞争力
2	确定活动主题	① 新店开业线上限时促销活动 ② 黄金节假日线上网店狂欢购 ③ 线上网店周年庆促销活动
3	确定活动对象	网店促销商品目标群体
4	确定活动时间	门店周年庆、黄金节假日等
5	确定预算成本	根据预计销售量及成本投入进行合理定制预算
6	具体活动方案设计	① 确定岗位职责及分工 ② 进行网店设计 ③ 制定促销活动优惠方式方法 ④ 进行活动海报设计
7	活动方案细节优化	根据经费预算进行活动方案优化
8	活动执行	① 活动广告宣传预热 ② 在线客服答疑 ③ 在线销售数据统计

（2）线上网店促销方案

门店进行线上网店促销,目的是通过高效的引流,获取更多的精准客户。因此,需要对线上网店促销方案进行详细的策划,促进方案更好地运行。线上网店促销方案如下,供参考。

方案名称	线上网店促销方案	编　号	
		受控状态	

一、目标

1. 为门店引流,提高门店商品在消费者心中的知名度。

2. 更好地宣传商品,吸引消费者购买商品。

3. 打造门店品牌,提高门店的影响力。

二、适用范围

该方案适用于零售行业指导门店线上网络广告宣传工作。

三、岗位职责

1. 门店店长负责门店线上网店促销方案执行的效果监督工作。

2. 门店宣传人员负责线上网店促销方案的策划工作。

3.门店销售人员负责线上网店促销方案的执行工作。

4.门店线上客服人员负责线上客户服务工作。

四、线上网店促销流程

1.确定促销主题。

(1)新店开业线上限时促销活动。

(2)黄金节假日线上网店狂欢购。

(3)线上网店周年庆促销活动。

2.确定促销时间。促销时间根据促销主题进行合理设置。

3.选择网店入驻平台。可选择平台有:京东、淘宝、拼多多、微信官方购物小程序、网店官方APP。

4.网店设计。

(1)网店设计突出店铺品牌风格。线上店铺首页的色调与线下门店色调统一。

(2)店铺网站首页设置爆款商品展示专区,标明促销价格。爆款商品设置快捷超链接,方便消费者直接点击购买。

(3)网店内搜索工具优化。拓宽关键词的搜索范围,精准地为顾客展现其所需要的商品。

5.商品陈列。

(1)店铺商品分类别展示。

(2)打造爆款商品,突出店铺风格,彰显店铺品牌的特色。

(3)设置特价商品专区。选出每日的热销商品进行特价促销,提高店铺人气,增加店铺其他商品的销量。

6.促销优惠确定。

(1)促销活动期间,顾客首次进店浏览即可享有10元无门槛优惠券一张。

(2)商品价格采取低价格策略。商品价格低于传统市场上的同类商品价格。

(3)购买爆款商品,享有7日内有效的满100元减30元复购券一张。

7.海报设计。

(1)店铺首页海报设计。强调促销活动,吸引消费者进入店铺浏览商品。

(2)店铺商品详情页海报设计。详细介绍商品。

8.促销预热。

(1)在微博、小红书等平台进行广告宣传。

(2)在不同类型的商品中挑选出亮点商品进行宣传。

(3)前期店铺引流。邀请店铺代言人推荐店铺。代言人通过微博、小红书等平台发布信息,进行店铺宣传引流。

9.物流营销。强调商品直邮概念,保障商品发货时效,提高店铺竞争优势。

五、进行网店促销

1.商品上架。

(1)根据商品类型,分批次上架商品。

(2)根据促销时间分批次上架特价商品,吸引消费者进行限时限量抢购。

（3）每日特价商品更新。

2.24小时网店客服服务。解答消费者对商品促销优惠的疑问。

3.邀请下单用户进入粉丝福利群。

4.粉丝福利群发放优惠券，吸引顾客二次下单。

5.完善售后服务。

（1）商品的退换货流程要清晰。

（2）客户满意度数据查看，及时改进店铺的服务。

（3）通过与物流公司合作的形式，提高物流运输时效。

六、线上网店促销效果监督

1.监督各大线上平台用户对网店促销的关注度。

2.查看商品销量的变化情况，计算转化率。

3.根据转化率及宣传效果，进行宣传方案的动态优化。

七、注意事项

1.网店宣传运营团队要对店铺首页进行优化，避免店铺首页卡顿。

2.网上信息发布准确。

3.针对消费者提出的疑问，线上客服人员需要进行耐心、专业的解答，营造与消费者之间的亲切感。

4.根据店铺商品定位，准确定位目标消费群体，进行有针对性的宣传。

5.商品描述要详细，介绍要全面。

6.邀请模特拍摄商品图片，提高商品宣传图片的质感。

八、附则

1.本方案由市场营销部负责编制、解释与修订。

2.本方案自××××年××月××日起生效。

执行部门		监督部门		编修部门	
执行责任人		监督责任人		编修责任人	

4.2.6　线上视频促销：内容中的促销

线上视频促销主要是通过视频的方式，向消费者展示商品本身，让消费者更加直观地感受商品，增强消费者的体验感，从而促成消费者购买。

（1）线上视频促销准备工作

在促销活动中，促销准备工作也是十分重要的环节。做好线上视频促销活动，需要做充足的准备。线上视频促销可分为短视频促销和直播促销，具体准备工作如下。

短视频促销准备工作如表4-14所示。

表 4-14　短视频促销准备工作

序号	准备工作	准备工作详情
1	确定促销商品	确定促销商品类型
2	确定拍摄主题	根据促销商品类型及目标人群定位,确定拍摄主题
3	制定拍摄脚本	进行头脑风暴,确定拍摄脚本
4	准备拍摄道具	前期准备拍摄道具
5	确定拍摄场景	拍摄场景确定
6	布置拍摄场景	根据拍摄脚本进行拍摄场景布置
7	进行拍摄	正常拍摄
8	后期制作	根据促销信息进行视频后期加工制作
9	观看样片	后期制作完成,进行样片的观看
10	选择视频投放平台	根据目标人群定位,选择视频投放平台

直播促销准备工作如表 4-15 所示。

表 4-15　直播促销准备工作

序号	准备工作	准备工作详情
1	确定促销商品	确定促销商品类型
2	确定商品促销价格	根据市场调查结果及成本预算,合理制定商品促销价格
3	选择直播方式	可选择门店内部运营团队直播或知名带货主播外包直播
4	确定直播渠道	直播渠道可根据用户浏览偏好,选择合适的直播渠道。如淘宝、京东、抖音等
5	确定直播时间	根据促销计划确定直播时间
6	进行直播预热引流	通过直播抽奖、关注店铺直播可领取门店优惠券等策略,提高消费者对直播活动的关注度

（2）线上视频促销方案

前期准备工作熟悉后,门店可根据自身的店铺定位进行线上视频促销方案设计,通过创新的视频内容及独特的宣传,达到店铺引流目的。

以下是线上视频促销方案,供参考。

方案名称	线上视频促销方案	编　号	
		受控状态	

一、目标

1.为店铺引流,提高店铺商品在消费者心中的知名度。

2.销售库存积压商品。

3.打造店铺爆款商品,提高店铺在同行业竞争店铺中的优势。

二、适用范围

该方案适用于零售行业指导店铺线上视频促销工作。

三、岗位职责

1.门店店长负责门店线上视频促销方案执行的效果监督工作。

2.门店宣传人员负责线上视频促销方案的策划工作。

3.门店销售人员负责线上视频促销方案的执行工作。

4.门店线上客服人员负责线上客户服务工作。

四、线上视频促销活动流程

1.确定促销商品。根据营销目标,确定促销商品及商品卖点。

2.确定商品促销价格。根据成本预算,确认商品促销价格。

3.确定目标人群。根据商品性质确认目标消费群体。

4.选择视频促销方式。

(1)短视频促销。

(2)注册官方店铺直播号,聘请专业直播团队,店铺自营直播促销。

(3)与知名带货主播合作,进行直播促销。

5.确定视频投放渠道。

(1)短视频投放渠道可选择小红书、哔哩哔哩、抖音、微博、火山小视频等平台。

(2)直播渠道可选择淘宝、京东、抖音等直播带货平台。

6.确定视频投放时间。

(1)短视频投放可根据店铺营运计划时间进行安排。

(2)店铺自营直播。可聘请专业主播进行线上店铺内商品直播,根据消费者购物习惯不同,分时间段进行直播。

(3)知名主播直播。直播时间需提前与知名主播运营团队协商确认。

7.进行预热引流。

(1)短视频投放前,通过微博、小红书等平台制造神秘感,吸引消费者关注促销活动。

(2)视频直播前,通过微博、淘宝等渠道发布直播预告,进行直播预热引流。

8.进行视频促销。

(1)短视频投放。

① 根据促销计划,在特定时间投放短视频。

② 与知名自媒体博主合作,自媒体博主制作推广视频,扩大促销活动的影响力。

③ 短视频投放时内附购买链接,方便消费者直接点击链接跳转购买。

（2）视频直播。

① 介绍商品特点，全方位展示商品。利用流利的语言和夸张的赞叹词，吸引消费者的注意力。

② 介绍商品促销价格。着重强调商品优惠力度高，刺激消费者进行购买。

③ 引导消费者下单购买。

④ 每直播30分钟设立一个抽奖环节，网友刷"×××大卖"截图免费送促销商品一份。

9.24小时线上客户服务。

（1）对消费者下单过程中遇到的问题进行解答。

（2）及时处理消费者退款及其他事宜。

（3）其他情况下遇到的问题也进行解答。

五、线上视频促销效果监督

1.监督直播平台的消费者关注度。通过直播期间的实时在线人数，了解网友对线上直播促销的关注度，并引导消费者关注店铺官方直播号。

2.查看商品销量的变化情况，计算转化率。

3.对于商品销售量较低的商品进行直播返场促销，重复介绍商品并引导消费者下单购买。

4.根据线上视频促销效果，进行视频促销方案的动态调整。

六、线上视频促销注意事项

1.完善售后服务。

（1）完善售后退换货流程。

（2）提高物流效率，保障物流时效。

（3）了解客户售后满意度，优化客户服务。

2.推广博主的选择。

（1）选择推广博主前，需广泛浏览平台内流量趋势，根据促销商品类型，列出可供选择的推广博主清单。

（2）根据促销目的及店铺促销计划，评价推广博主。评价要素有价值观是否正确、博主的粉丝群体是否符合店铺目标群体定位、历史推广视频是否达标、是否有同行业内商品推广经验、行业内信誉度等。

3.直播平台的后续维护。进行线上视频促销引流成功后，店铺要组建专业线上运营团队进行直播平台的后续维护，留住顾客。

七、附则

1.本方案由市场营销部负责编制、解释与修订。

2.本方案自××××年××月××日起生效。

执行部门		监督部门		编修部门	
执行责任人		监督责任人		编修责任人	

4.2.7 线上论坛促销：热点中的促销

线上论坛促销主要是通过个性化的文案打造营销热点，从而引起网友对店铺品牌的注意。通过打造热点话题，激发网友的好奇心，促使网友主动了解商品，并在商品更新换代时，使消费者保持对品牌的新鲜感。

（1）线上论坛促销策划准备工作

线上论坛促销策划要综合考虑前期准备工作，只有做好充足的准备工作，才能确保活动的顺利进行。线上论坛促销策划准备工作如表 4-16 所示。

表 4-16 线上论坛促销策划准备工作

序号	准备工作	准备工作详情
1	进行市场分析	从商品的市场类型、竞争情况、受众群体等方面进行分析
2	确定活动主题	现场论坛促销的活动主题主要为打造热点，进行热点营销
3	确定活动目的	进行客户引流，提升品牌知名度
4	确定活动时间	活动时间不宜过长，过长会引起用户的反感
5	确定活动平台	① 内部平台。门店所属的官方网站 ② 外部平台。微博、知乎、百度贴吧、小红书等
6	确定活动形式	① 论坛商品促销信息有奖转发 ② 有奖征集商品促销信息创意推文 ③ 网上评选最佳人气商品
7	活动效果预期	① 预期活动参与人数 ② 预期 PV(Page View)，即访问量 ③ 预期 UV(Unique Visitor)，即独立访客数
8	制作时间推进表	制作时间推进表，明确促销活动时间、项目进程、产出结果
9	制定费用预算	① 制定活动奖品费用预算和活动推广费用预算 ② 制定最低费用预算和最高费用预算

（2）线上论坛促销方案

线上论坛促销利用打造热点话题的形式引起消费者的关注，成功实现引流的目的。进行线上论坛促销前，需要进行详细的线上论坛促销方案设计，促进方案的有效执行。

以下是线上论坛促销方案，供参考。

方案名称	线上论坛促销方案	编　号	
		受控状态	

一、目标

1.获取更多潜在客户,实现引流目的。

2.打造热点话题,吸引消费者的注意力。

3.提高促销商品销量。

二、适用范围

该方案适用于零售行业指导店铺线上论坛促销工作。

三、岗位职责

1.门店店长负责门店线上论坛促销方案执行的效果监督工作。

2.门店宣传人员负责线上论坛促销方案的策划工作。

3.门店销售人员负责线上论坛促销方案的执行工作。

4.门店线上客服人员负责线上客户服务工作。

四、线上论坛促销流程

1.进行市场分析。从商品的市场类型、竞争状况、目标群体、当前商品市场份额占比等进行市场分析。

2.确定活动主题。现场论坛促销的活动主题为热点营销。

3.确定活动目的。进行客户引流,提升品牌知名度。

4.确定活动时间。活动时间根据活动形式进行确定,可根据活动效果进行动态调整。

5.确定活动平台。

(1)内部网站论坛。

(2)外部网站论坛。如小红书、知乎、百度贴吧、微博话题等。

6.确定活动形式。

(1)论坛商品促销信息有奖转发。

(2)有奖征集商品促销信息创意推文。

(3)网上评选最佳人气商品。

7.活动效果预期。对活动日均客户浏览量、客户访问量、活动参与人数进行预估。评估活动效果。

8.根据活动周期,制作活动效果表。

(1)活动开始第1周:访问量超过1000人次,参与人数超过200人次。商品销售量达到预期20%以上。

(2)活动开始第2周:访问量超过5000人次,参与人数超过1000人次。商品销售量达到预期60%以上。

(3)活动开始第3周:访问量超过10000人次,参与人数超过1500人次。商品销售量达到预期80%以上。

(4)活动开始第4周:访问量超过15000人次,参与讨论人数超过2000人次。促销商品销量达到预期90%以上。带动店铺其他相关商品销售50%以上。

(5)活动结束:访问量超过20000人次,参与讨论人数超过2500人次。促销商品销量达到预期。带动店铺其他相关商品销售70%以上。

9.制定费用预算。

（1）活动奖品费用预算。明确有奖活动的奖品,设置具有吸引力且价格合理的活动奖品。

（2）活动推广费用预算。合理选择活动推广渠道,预估活动推广费用。

（3）最低费用预算。进行费用合理预估,在保障活动达到效果的前提之下,制定最低费用预算。

（4）最高费用预算。控制活动成本,活动费用实际支出不得超过最高费用预算。

五、线上论坛促销活动执行

1.外部推广渠道官方账号注册。

2.官方账号前期维护。

（1）关注相关话题账号。

（2）进行每日签到,提高账号级别。

（3）日常商品信息分享,提高账号活跃度。

3.进行活动推广。

（1）通过官方账号发布促销活动信息。

（2）邀请具有影响力的博主进行推广,扩大影响力。

（3）邀请不同行业具有影响力的明星参与话题讨论并推广。

4.线上客服小助手及时解答用户疑惑。利用论坛讨论的便利,进行问答营销。及时解答浏览用户关于促销活动的疑惑。

5.账号后期维护。进行每日签到,安排运营团队人员进行每日信息分享。

六、线上论坛促销效果监督

1.监督各大线上平台用户对广告的关注度。

2.查看商品销量的变化情况,计算转化率。

3.根据转化率及宣传效果,进行宣传方案的动态优化。

4.论坛舆论监控。对店铺有负面影响的言论要及时检索并正面回应。

七、附则

1.本方案由市场营销部负责编制、解释与修订。

2.本方案自××××年××月××日起生效。

执行部门		监督部门		编修部门	
执行责任人		监督责任人		编修责任人	

4.2.8 线上社群促销：社交裂变中的促销

线上社群促销通过了解消费者惯用的社群软件,通过第三方平台搭建社群,向社群用户发送促销信息,引起消费者的关注,吸引用户进行购买。

（1）线上社群促销准备工作

进行线上社群促销工作准备,了解系统流程,有利于更好地开展线上社群促销工作。线上社群促销准备工作如表 4-17 所示。

表 4-17　线上社群促销准备工作

序号	准备工作	准备工作详情
1	进行市场分析	了解用户第三方软件使用习惯
2	确定活动主题	线上社群促销
3	确定活动目的	搭建社群,用户引流
4	确定活动平台	活动平台可选择淘宝、微信、QQ 等具有聊天互动功能的平台
5	确定活动形式	进行新品广告推送
6	活动效果预期	① 社群用户规模预测 ② 社群流量变现规模预测 ③ 社群用户黏性预测
7	制定成本预算	进行促销成本预算
8	社群搭建	进行平台内社群搭建
9	社群宣传人员专业技能培训	进行社群促销宣传人员专业能力培训
10	社群内宣传	社群内部促销信息宣传
11	社群用户群体裂变	通过发放优惠券,吸引新人进群,增大用户群体规模

（2）线上社群促销方案

进行线上社群促销方案的设计,有利于拉近消费者与商家的距离,增加用户黏性。同时,社群用户群体更加细分化,有利于进行店铺商品的点对点营销。通过社群促销,老客户带来新客户,提高商品的销量。

以下是线上社群促销方案,供参考。

方案名称	线上社群促销方案	编　号	
		受控状态	

一、目标
1.为店铺引流,提高店铺商品在消费者心中的知名度。
2.更好地宣传商品,吸引消费者购买商品。
3.进行社群促销,促进用户裂变。
二、适用范围
该方案适用于零售行业指导店铺线上社群促销工作。
三、岗位职责
1.门店店长负责门店线上社群促销方案执行的效果监督工作。
2.门店宣传人员负责线上社群促销方案的策划工作。
3.门店销售人员负责线上社群促销方案的执行工作。

4.门店线上客服人员负责线上客户服务工作。

四、线上社群促销流程

1.进行市场分析。

(1)了解市场趋势。

(2)分析用户第三方软件使用习惯。

(3)了解同行业企业促销手段。分析店铺竞争优势。

(4)根据市场调查,分析消费者对社群促销的接受程度。

2.确定活动主题。进行线上社群促销。

3.确定活动目的。搭建线上社群,增强用户黏性,引导用户进行消费。

4.确定活动平台。如淘宝、微博、微信、企业微信等。

5.确定活动形式。

(1)淘宝粉丝福利群。进入淘宝店铺下单购买成功的用户,自动邀请进入淘宝粉丝福利群。店铺营销人员通过粉丝福利群发放优惠券及商品促销信息,吸引消费者进行二次购买。

(3)微博粉丝福利群。微博官方店铺账号建立微博粉丝福利群,通过微博发送粉丝福利群进群邀请,在微博群内部发送商品促销信息及链接,吸引消费者进行购买。

(4)微信福利群。通过微信官方账号发送进群邀请给下单成功的用户,邀请用户进群,群内发送商品促销信息。利用大数据,监测未下单购买过的潜在用户,针对从未进行购买的用户发送商品折扣信息,吸引潜在用户进入社群。

(5)企业微信官方店铺社群。与企业合作推广企业微信官方店铺社群,邀请用户加入企业微信社群,社群内发送商品优惠券及商品实时折扣信息。

6.活动效果预期。主要有社群用户规模预测、社群流量变现规模预测、社群用户黏性预测。

7.制定成本预算。主要有社群运营成本、商品折扣成本、与第三方平台合作成本。

8.社群搭建。

(1)全新社群搭建。根据促销商品类型不同,搭建全新社群,社群内部设置群管理员。

(2)原有社群更新。利用店铺原有社群,根据促销活动及促销商品类型不同,更改社群名称并在群内进行说明。社群内部设置群管理员。

9.社群宣传人员专业技能培训。店铺进行所有线上社群宣传人员的专业技能集中培训。具体培训内容有促销信息发布时间、促销信息发布频率、促销信息文字内容编辑、与用户沟通礼仪标准等。

五、线上社群促销方案执行

1.社群内宣传。

(1)发放拼手气红包吸引社群用户注意力。

(2)实时分享热点新闻,提高社群用户对社群的依赖程度。

(3)打造热点商品,发布热点商品促销信息。

2.社群用户群体裂变。

3.社群促销效果评估。

4.社群维护。

(1)日常发送商品促销信息,提高社群活跃度。

（2）每日推送当天最优折扣的商品信息，吸引用户下单购买。

5.进行动态的广告推送调整。

（1）广告推送频率要适当，避免消费者产生反感厌恶情绪。

（2）广告文案部分的次要信息可根据时间的变化进行变化。

（3）根据不同渠道推送广告效果的不同，选择效果较好的渠道进行高频率的广告推送。

6.社群管理员进行问题解答。社群管理员及时关注社群内发言，解答用户关于商品及促销内容的疑问。

六、线上社群促销效果监督

1.监督社群内用户对促销活动的关注度。

2.查看商品销量的变化情况，计算转化率。

3.根据转化率及宣传效果，进行宣传方案的动态优化。

七、附则

1.本方案由市场营销部负责编制、解释与修订。

2.本方案自××××年××月××日起生效。

执行部门		监督部门		编修部门	
执行责任人		监督责任人		编修责任人	

4.3 ▶▶

线上线下促销的两种融合方法

线上线下促销融合综合了线下门店真实、线上店铺便捷、线上店铺信息了解时间充足且内容全面等优势，满足消费者多样化的需求。通过线上线下促销融合，能够更好地为消费者服务，促进商品销售，实现 $1+1>2$ 的效果。

4.3.1 线上线下同步促销：双管齐下

线上线下同步促销是指线上店铺与线下门店进行同步销售的现象。该促销方式能够吸引更多的客户群体，提高店铺的关注度。线上店铺方便消费者浏览商品，线下门店方便消费者进行实体商品感受，从而提高了消费者对品牌的信任度和好感度。

（1）线上线下同步促销准备工作

线上线下同步促销的策划是否完善，直接关系到后期线上线下促销的效果。因此需要进行充分的前期准备工作，便于促销活动的开展。线上线下同步促销准备工作如表 4-18 所示。

表 4-18　线上线下同步促销准备工作

序号	准备工作	准备工作详情
1	确定促销商品	根据促销活动计划及目的,确定促销商品
2	确定目标客户	根据促销商品类型,确定目标群体
3	确定活动店铺	① 线上店铺 ② 线下所有门店
4	确定促销优惠	线上线下享有同等促销优惠
5	确定促销时间	线上线下促销时间同步
6	确定促销活动宣传渠道	① 线上店铺。淘宝官方店铺首页信息展示。微信官方账号、小红书、微博、抖音等 APP 宣传 ② 线下门店。门店外部 POP 广告展示。微信官方账号、小红书、微博、抖音等 APP 宣传
7	保障促销商品供给	① 线上店铺。对促销商品数量进行促销前库存盘点,详细记录参与线上促销商品数量。促销商品详情页面实时显示剩余商品数量 ② 线下门店。对促销商品数量进行促销前库存盘点,详细记录参与线下促销商品数量,保障商品及时供给
8	线上线下统一	促销活动优惠统一、促销活动时间统一、促销商品统一

（2）线上线下同步促销方案

线上线下同步促销可通过线上浏览线下体验的模式,增强消费者的体验感,从而提高消费者的购买意愿。但由于线下线上活动同步,容易造成线下门店与线上店铺之间库存的失衡。所以,需要详细设计线上线下同步促销方案,对可能出现的问题进行规避。

以下是线上线下同步促销方案,供参考。

方案名称	线上线下同步促销方案	编　　号	
		受控状态	

一、目标
1.增强消费者的体验感。
2.提高线上店铺的关注度,增加商品的销量。
3.提高线下门店的客户进店率,提高门店竞争优势。
二、适用范围
该方案适用于零售行业指导门店线上线下同步促销工作。
三、岗位职责
1.门店店长负责门店线上线下同步促销方案执行的效果监督工作。

2.门店宣传人员负责线上线下同步促销方案的策划工作。

3.门店销售人员负责线上线下同步促销方案的执行工作。

4.门店线上客服人员负责线上客户服务工作。

四、促销活动流程

1.确定促销商品。根据市场分析情况确定促销商品,线上促销与线下促销商品统一。

2.确定目标消费群体。根据商品类型,定位主要消费群体。

3.确定促销门店。

(1)线上店铺。淘宝官方网店、微信官方购物小程序、门店手机官方 APP。

(2)线下门店。全国所有线下门店。

4.确定促销活动优惠。

(1)线上店铺。

① 进店注册会员可领取会员礼包一份,会员礼包随购买的促销商品发货,会员礼包不单独发货。

② 购买促销商品享有满 300 元减 20 元优惠。

(2)线下门店。

① 进店注册会员并购买促销商品可领取会员礼包一份。

② 购买促销商品享有满 300 元减 20 元优惠。

5.促销商品详情页面或海报设计。

(1)线上店铺。

① 商品详情页面注明促销活动时间及优惠金额。

② 商品详情页面颜色搭配协调,强调商品本身。

③ 商品详情页面画面搭配及商品详情页面字体选择迎合目标群体喜好。

(2)线下门店。

① 在海报显眼位置注明促销活动时间及优惠金额。

② 海报颜色搭配协调,强调商品本身。

③ 海报画面搭配及海报字体选择迎合目标群体喜好。

④ 合理设计海报尺寸。

6.门店设计。

(1)线上店铺。

① 优化店铺首页,打造商品热点。

② 店铺首页附促销商品链接,方便消费者进店浏览。

(2)线下门店。

① 促销商品陈列在线下门店显眼位置。

② 促销商品大量陈列,营造热卖氛围。

7.促销广告宣传。

(1)线上店铺:通过店铺首页置顶、微博、小红书等渠道进行店铺广告宣传。

(2)线下门店:店铺周边派发传单、门店外部摆放广告宣传展板、微博、小红书等渠道宣传。

8.进行商品购买。

(1)用户进行线上店铺浏览,线上提交订单邮寄发货。

（2）用户进行线下体验后直接线下付款购买。

（3）用户通过线上付款预约，线下提货。

9.促销活动运营及维护。

（1）进行各渠道库存跟踪，及时补充商品。

（2）线上店铺客服人员24小时在线，及时解答顾客对促销活动及商品的疑问。

（3）完善售后服务，提高消费者满意度。

五、问题及解决措施

问题一：线下店铺人流过多，线上店铺无人关注。

解决措施：

1.加强线上门店广告宣传，提高线上门店曝光率。

2.创新线上门店海报，提高消费者的关注度。

3.进行线下门店限流，引导消费者进行线上购物。

问题二：线上店铺销售量高，商品断货，线下店铺无人问津。

解决措施：

1.门店线下店铺提供消费者进店小礼品，提高消费者对线下门店的关注度。

2.利用玩偶派发传单、举行线下门店促销热场舞蹈秀等活动，创新活动的宣传方式，提高线下门店的吸引力。

3.合理投放线上门店促销商品数量，对线上门店进行限量，引导消费者进行线下门店消费。

问题三：线上店铺叠加其他品类优惠券，实际享受优惠更多。消费者更愿意在线上购买。

解决措施：

1.强调线下店铺服务优势，增强线下店铺竞争优势。

2.为线下门店消费者提供相应赠品，吸引消费者进店购买。

3.限制线上门店优惠券叠加条件，促销商品不参与其他优惠，做到线上与线下价格同步。

六、附则

1.本方案由市场营销部负责编制、解释与修订。

2.本方案自××××年××月××日起生效。

执行部门		监督部门		编修部门	
执行责任人		监督责任人		编修责任人	

4.3.2 线上宣传线下销售：打造门店优势

线上宣传线下销售主要是通过打造商品亮点，从而吸引消费者的关注度。该销售模式能够成功吸引消费者进店体验。同时，通过线上宣传，消费者对商品价格及特性有足够的认识，往往购买率也较高。

（1）线上宣传线下销售准备工作

进行线上宣传线下销售活动策划，有利于店铺制定全面的促销方案。线上宣传线下促销准备工作如表4-19所示。

表 4-19　线上宣传线下促销准备工作

序号	准备工作	准备工作详情
1	确定促销商品	根据促销活动计划及目的,确定促销商品
2	确定目标客户群体	根据促销商品类型,确定目标群体
3	确定活动店铺	线下所有门店
4	确定促销优惠	根据促销计划确定促销优惠
5	确定促销时间	根据促销计划确定促销活动时间
6	确定促销活动宣传方式	线上宣传
7	确定促销活动宣传渠道	① 淘宝官方店铺首页信息展示 ② 微信官方账号文章推送 ③ 小红书、微博促销信息发布 ④ 抖音、火山小视频促销视频发布
8	确定宣传文案	根据商品类型及目标客户群体,制作宣传脚本
9	线下店铺人流量预估	根据商品广告投放量及关注度进行人流量预测
10	线下店铺商品陈列	大量陈列促销商品,营造促销氛围
11	商品库存盘点	进行商品库存盘点,保障商品及时供给

（2）线上宣传线下销售方案

进行线上宣传线下销售方案的设计,有利于店铺更好地开展门店商品销售工作,提高消费者对商品的关注度,刺激消费者进行购买,能够提高线下门店的竞争优势和业绩,同时也提高了消费者对线下门店的忠诚度。以下是线上宣传线下销售方案,供参考。

方案名称	线上宣传线下销售方案	编　号	
		受控状态	

一、目标
1.增强消费者的体验感。
2.提高消费者对线下店铺的关注度,增加线下店铺商品的销量。
3.提高线下门店的客户进店率,提高门店竞争优势。
二、适用范围
该方案适用于零售行业指导门店线上宣传线下销售工作。
三、岗位职责
1.门店店长负责门店线上宣传线下销售方案执行的效果监督工作。
2.门店宣传人员负责线上宣传线下销售方案的策划工作。
3.门店销售人员负责线上宣传线下销售方案的执行工作。

4.门店线上客服人员负责线上客户服务工作。

四、前期策划准备

1.确定促销商品。根据市场分析情况确定促销商品。

2.确定目标消费群体。根据商品类型,定位主要消费群体。

3.确定促销门店。全国所有线下门店。

4.确定促销活动优惠。通过线上浏览广告,可领取20元无门槛优惠券一张,优惠券可用门店为全国所有线下门店。

五、进行线上宣传

1.渠道选择。

(1)小红书、微博、知乎、抖音、火山小视频等平台。

(2)官方微信公众号及线上店铺官网。

(4)手机短信、邮箱、微信社群、线上论坛。

2.商品详情页面或海报设计。

(1)商品详情页面注明促销活动时间及优惠金额。

(2)海报颜色搭配协调,强调商品本身。

(3)海报画面搭配及海报字体选择迎合目标群体喜好。

3.宣传广告脚本设计。

(1)情景式。通过模拟动物的口吻,提高消费者的阅读兴趣。循循诱导式宣传。

(2)平铺直叙式。直接告知消费者商品信息及商品折扣,让消费者对活动信息一目了然。

4.宣传广告类型。可选择图文式或视频式。

5.商品详情介绍。通过图片及视频形式,详细介绍商品的功能及外观。注意标明商品价格。

六、进行线下销售

1.用户进行线上预约,线下提货。

2.用户到店体验,线下付款购买。

3.保障商品及时供给。

4.商品陈列合理。

5.合理控制人流。

6.活动运营及维护。

(1)线上店铺客服人员24小时在线,及时解答顾客对促销活动及商品的疑问。

(2)线下店铺设置门店导购,提高消费者购买效率。

(3)完善售后服务,提高消费者满意度。

七、问题及解决措施

问题一:线上宣传效果不佳,线下店铺人流未达到预期。

解决措施:

1.加强线上门店广告宣传,提高线上门店曝光率。

2.创新线上宣传海报,提高消费者的关注度。

3.进行线上推广渠道选择时,要全面调查渠道引流是否达标。

问题二:线下商品供给不及时。

解决措施:

1.进行线下销售前,进行商品库存盘点,根据人流量预估判断是否需要调货。

2.销售过程中及时跟踪商品库存信息,保障商品正常供给。

3.根据商品库存情况及时进行人流量限制。

八、附则

1.本方案由市场营销部负责编制、解释与修订。

2.本方案自××××年××月××日起生效。

执行部门		监督部门		编修部门	
执行责任人		监督责任人		编修责任人	

第5章

门店销售与售后管理

5.1

客户开发：让客户群更广更大

客户开发是指业务人员通过市场"扫街"、初步调查了解市场和客户情况，对有实力和有意向的客户重点沟通，最终完成目标区域的客户开发计划。在对不同渠道的客户进行开发时，需要针对性地采取不同的开发技巧，提升潜在客户的转化率，争夺现有市场份额。

5.1.1 进店客户开发的 5 个步骤

门店的经营，必须要有源源不断的客源，客流量充足才能保障门店的销售业绩，因此，在客户进店前，先要考虑如何将客户吸引到店里。通常可利用街头引流、派单派卡的形式，在街道上或者门店门口设置小活动，例如进店享买赠、抽奖、领免费礼品等形式，或者设置精心设计的促销 POP 广告牌来吸引客户进店。

客户进店后，如何让客户购买店里的商品，将客流量转化成销售量也是尤为重要的。掌握对进店客户开发的步骤，有助于提升门店成交率，推动门店不断发展。进店客户开发的步骤如图 5-1 所示。

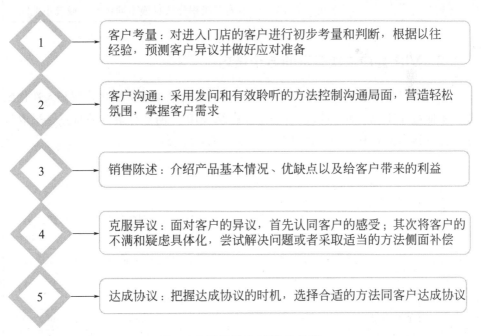

1　客户考量：对进入门店的客户进行初步考量和判断，根据以往经验，预测客户异议并做好应对准备

2　客户沟通：采用发问和有效聆听的方法控制沟通局面，营造轻松氛围，掌握客户需求

3　销售陈述：介绍产品基本情况、优缺点以及给客户带来的利益

4　克服异议：面对客户的异议，首先认同客户的感受；其次将客户的不满和疑虑具体化，尝试解决问题或者采取适当的方法侧面补偿

5　达成协议：把握达成协议的时机，选择合适的方法同客户达成协议

图 5-1　进店客户开发的步骤

5.1.2　会员卡客户开发的 7 个技巧

会员制是门店在进行管理和运作时与客户进行沟通的有效媒介之一。在会员卡客户的基础上进行销售，会比一般的新客户要相对容易得多，所以如何将进店客户、线上门店客户和其他客户转化为会员卡客户也是一项非常重要的工作。会员卡客户开发技巧如表 5-1 所示。

表 5-1　会员卡客户开发技巧

序号	技巧	具体说明
1	办卡享折扣	在客户付款时提醒客户办会员卡可以享受会员卡折扣
2	线上券包售卖	设置组合式券包,含多种代金券,限定时间使用
3	会员日活动	设置月度、周度会员活动,在活动日进行会员促销活动,促进会员卡售卖
4	节日/生日福利	会员客户在节日/生日当天享受 8 折优惠
5	储值优惠	设置储值优惠活动,如充值 500 元送 100 元,或者结合店庆、元旦等特殊节日加大储值优惠力度
6	内容触达	将会员卡优惠信息通过客户留下的联系方式进行触达,促使客户办理会员卡
7	积分兑换	根据会员客户的消费金额设置相应比例的积分,例如消费 1 元对应 1 积分,不同等级积分数兑换不同优惠券或者小礼品

5.1.3　VIP 客户二次开发的 5 个技巧

VIP 客户是门店需要重点关注的客户,需要为其提供个性化管理和人性化服务。要促进 VIP 客户的再次开发,需要围绕 VIP 一词"尊贵"的特点,采取特殊的开发技巧。VIP 客户二次开发技巧如表 5-2 所示。

表 5-2　VIP 客户二次开发技巧

序号	技巧	具体说明
1	高度关怀服务	为 VIP 客户提供高关怀度服务,例如特殊节日和 VIP 客户生日当天发送个性化祝福语,提供精美礼物
2	VIP 活动、年会	邀请 VIP 客户参与为其设计的特殊活动或者年会,进行商品体验和交流
3	VIP 高定商品	VIP 客户才有特权购买门店某些高级定制商品
4	优质商品推荐	通过对客户购买记录、基本信息的分析,给 VIP 客户推荐商品
5	已售商品维护和回访	对 VIP 客户已购商品进行持续的维护,对商品使用体验进行回访和满意度调查,确保 VIP 客户的留存,促进二次消费

5.1.4 老客户转介绍的 5 个步骤

门店进行客户开发的时候，其中一个渠道就是老客户转介绍。基于门店提供高质量商品的基础上，老客户转介绍是一种借力使力，使用恰当的方法和技巧，将有助于促进销售的良性循环，甚至产生倍增效应。

在开展老客户转介绍活动之前，需要制定活动方案，再具体和老客户沟通，获取转介绍的潜在客户。老客户转介绍步骤如图 5-2 所示。

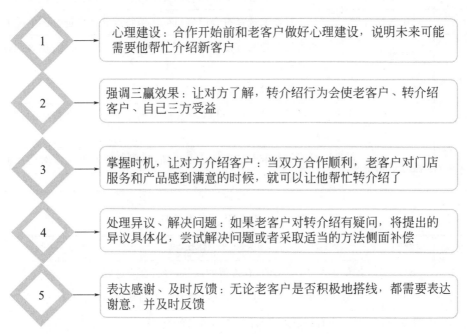

1　心理建设：合作开始前和老客户做好心理建设，说明未来可能需要他帮忙介绍新客户

2　强调三赢效果：让对方了解，转介绍行为会使老客户、转介绍客户、自己三方受益

3　掌握时机，让对方介绍客户：当双方合作顺利，老客户对门店服务和产品感到满意的时候，就可以让他帮忙转介绍了

4　处理异议、解决问题：如果老客户对转介绍有疑问，将提出的异议具体化，尝试解决问题或者采取适当的方法侧面补偿

5　表达感谢、及时反馈：无论老客户是否积极地搭线，都需要表达谢意，并及时反馈

图 5-2　老客户转介绍步骤

5.1.5 派单派卡的 9 个技巧

派单派卡通常是指把宣传物派送到客户手上，这是门店常用的引流方法。由于派单过程流动性大，工作内容单一，可以聘请专门的派单人员，给他们培训相应的技巧，再开展派单派卡活动，开发潜在客户。派单派卡客户开发技巧如表 5-3 所示。

5.1.6 街头引流的 9 个技巧

街头引流这种方式在门店运用中已经非常广泛，进行高效的引流，吸引更多潜在客户是门店保持核心竞争力、占领市场份额的途径之一。在进行街头引流时，需要结合门店当下发展情况选择合适的方式，最大效率进行引流。街头引流开发技巧如表 5-4 所示。

表 5-3 派单派卡客户开发技巧

序号	技巧	具体说明
1	形象大方得体	穿正规统一的服饰,形象大方得体
2	宣传单和宣传卡设计独特	精心设计宣传单和宣传卡,颜色、信息与门店形象贴合
3	地点选择恰当	对门店目标客源分析,选择合适的地点
4	时间安排合适	对门店目标客源的活动时间分析,选择合适的派单派卡时间
5	对象选择合理	有针对性地选择符合门店目标客源特点的客户进行派单派卡
6	道具准备齐全	准备足够量的宣传卡片,并在旁边准备一张小桌子,供客户详细了解和沟通
7	做好客户登记	派单派卡时做好客户登记,积累客户
8	精美礼品辅助	派单派卡过程中,可以准备精美的小礼品,消除客户的排斥心理
9	派发话术统一	对派单派卡人员进行话术培训,确保派单派卡人员对门店商品的讲解专业、符合门店要求

表 5-4 街头引流开发技巧

序号	技巧	具体说明
1	免费	提供免费的、实用的、有价值的商品,吸引客户进店
2	福利	设置一定的活动,如满 100 元可领取精美抽纸福利,吸引客户进店
3	买赠	对一些商品设置买赠活动,如满三赠一
4	咨询	根据门店商品特点,在街头免费提供咨询服务,如零售药店在街头提供免费测血压、普及健康知识活动
5	招募	招募志愿者体验商品和服务,扩大门店知名度,如美容院、养生机构招募志愿者体验美容、养生服务
6	抽奖	联合商城等机构设置抽奖活动,将客户引流到门店
7	游戏	设置一些小游戏,如投飞镖、投篮球游戏来搭配折扣活动,吸引客户进店
8	套餐	结合以往销售数据,对高频次消费单品进行组合,形成套餐并设置一定优惠,吸引客户进店消费
9	排队	寻找一批感兴趣的客户来店排队,营造热闹氛围,吸引更多的客户进店,促进销售

5.1.7 朋友圈客户开发的 4 个重心

随着移动互联网的普及和社交新媒体的蓬勃发展，大量社交软件例如微信、QQ、微博在生活中广泛运用，几乎每个人都在社交软件上形成了一个虚拟的，但又是实实在在存在的社交圈子。可利用社交软件营销成本低、信息到达率高、沟通及时等特点对自己的社交圈客户进行开发。微信的朋友圈客户开发有如下 4 方面内容。

（1）打造真实朋友圈

在运营自己朋友圈的时候，需要把握一个思维：先推销自己，再推销商品。为了增加信任感，可以经常在朋友圈分享自己的生活片段、个人感悟等真实信息。

（2）打造朋友圈剧本思维

很多销售人员为了推广自己的商品，刷屏现象严重，这样只会适得其反，甚至被一些朋友圈好友拉黑。在朋友圈运营时，应该打造朋友圈剧本思维，对朋友圈每一条内容进行甄选，让每一条内容都发挥它的价值。销售人员朋友圈素材如表 5-5 所示。

表 5-5　销售人员朋友圈素材

序号	素材	具体说明
1	生活场景	适当晒出真实生活场景，有利于拉近与客户的距离，打造真实感，获取客户的信任
2	价值分享	可结合门店商品特点，分享相关有价值的知识。例如护肤品门店分享护肤知识、健康养生知识
3	工作小视频	可将日常工作内容制作成小视频发到朋友圈
4	互动话题	在朋友圈请教问题，发起猜谜语、脑筋急转弯、冷笑话等话题，增加朋友圈活跃度
5	客户反馈、交易凭证截图	将客户使用商品后的积极反馈、交易凭证截图发到朋友圈，用实际证据说明商品优势

（3）朋友圈互动，学会点赞和评论

对朋友圈客户发的朋友圈内容选择性地点赞，最好控制在单个客户每周 2～4 次点赞，对于朋友圈客户求转发、求点赞的内容，要及时转发并点赞。发表评论时，内容简短，用心评论，不能敷衍。

（4）正视发朋友圈技巧

在朋友圈运营时，应该正视发朋友圈的技巧。常见发朋友圈技巧如表 5-6 所示。

表 5-6　常见发朋友圈技巧

序号	技巧
1	发出的图片最好以原图呈现
2	发图片数量最好以 1、4、6、9 张呈现
3	转发文章最好带上用心写的推荐语
4	朋友圈文案适当加表情包
5	客户聊天截图要先征得客户同意，并且对名字、头像等敏感信息打马赛克
6	发朋友圈选择通用黄金时间如早上 8 点，下午 2 点半，下午 4 点半，晚上 10 点
7	朋友圈内容全部开放，不要设置 3 天可见、1 个月可见等

5.1.8　社群客户开发的 5 个步骤和 7 个技巧

互联网时代，社群的范围从现实生活延伸到了网络空间，诞生了"网络虚拟社群"。"网络虚拟社群"的传播具有一对多、多对多的特点，使得内容生产和媒介传播逐渐"去中心化"。在客户开发过程中，可利用社群的特点，促进社群客户开发，以小带大，进行裂变，提升门店销售业绩。

（1）社群客户开发步骤

社群客户开发是一个系统工程，它能否成功取决于对规划、环节的掌控能力。清晰的开发步骤，不仅能提高对开发过程各环节的可把握性，还能减少无效投入，节约开支。社群客户开发步骤如图 5-3 所示。

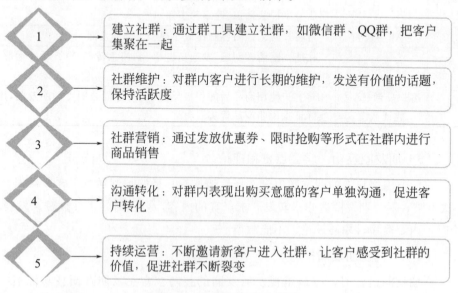

图 5-3　社群客户开发步骤

（2）社群维护技巧

在社群建立之后，需要围绕社群定位，对群内客户进行长期的维护。成功的社群维护，有利于促进社群营销和客户裂变，最终促进门店的长期发展。社群维护技巧如表 5-7 所示。

表 5-7　社群维护技巧

序号	技巧	具体说明
1	专人管理	聘请专门的人员管理社群,提高管理效率
2	制定群规	利用社群小助手制定群规,为后续管理奠定基础
3	入群欢迎	新成员进入社群时,发送欢迎语,增加新用户对群的信任感
4	活动互动	群里开展社群游戏、话题讨论等活动,提高群活跃度
5	客户答疑	群内客户有疑问时,及时答疑并发朋友圈展示,体现门店的服务质量
6	福利发放	定期在群里发放一些优惠券、代金券,引起客户对群的关注
7	寻找帮手	邀请自己熟悉的人,在群内参与讨论,带动气氛,维持群活跃度

5.1.9　短视频客户开发的 5 个步骤和 9 个技巧

随着移动互联网的发展以及智能终端设备的普及，短视频异军突起，带动了新媒体行业的快速发展。当下，越来越多的人喜欢在社交平台上发布短视频和浏览短视频，短视频以其成本低、获客面广的特点，逐渐成为一种主流的营销渠道。

（1）短视频客户开发步骤

要想对短视频客户进行开发，在短视频制作上先要有自己精确的定位，再进行高质量内容创作引流，吸引客户并促进客户下单购买商品。短视频客户开发步骤如图 5-4 所示。

（2）短视频客户开发技巧

在大多数门店运营中，如何低成本获取客户一直是一个痛点。掌握短视频客户开发技巧，发布持续优质的内容，将有助于提升门店商品知名度，扩大门店线上市场份额。短视频客户开发技巧如表 5-8 所示。

5.1.10　直播客户开发的 3 个节奏

随着网络直播经济的发展，越来越多企业开始进军直播行业。通过主播详细专业地讲解商品性能，在直播间制造活跃的营销氛围，再配合平台运费险、七天无理由退换货等服务，使得直播营销越来越受客户喜欢，并且发展前景广阔。

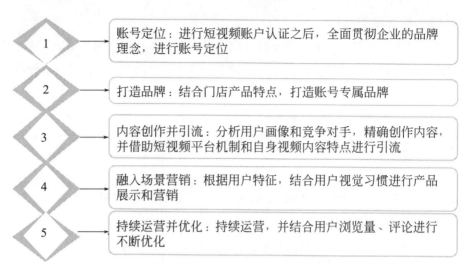

图 5-4　短视频客户开发步骤

账号定位： 进行短视频账户认证之后，全面贯彻企业的品牌理念，进行账号定位

打造品牌： 结合门店产品特点，打造账号专属品牌

内容创作并引流： 分析用户画像和竞争对手，精确创作内容，并借助短视频平台机制和自身视频内容特点进行引流

融入场景营销： 根据用户特征，结合用户视觉习惯进行产品展示和营销

持续运营并优化： 持续运营，并结合用户浏览量、评论进行不断优化

表 5-8　短视频客户开发技巧

序号	技巧	具体说明
1	寻找"社交话题"	关注时事热点，寻找能够引爆用户群的"社交话题"，开展内容创作
2	内容、形式脑洞大开	可以采取走心的、有趣的形式制作视频并对内容精心设计
3	内容情节故事化	将品牌转化为一种元素或者价值主张，融入一个富有吸引力的故事情节中
4	把握平台机制、活动	平台会根据视频的浏览量、评论数等指标来评判视频是否优质，再决定是否推向更大的用户群
5	控制视频长度、节奏	视频长度最好控制在 5min 之内，并且节奏要快，详略得当
6	合适的视频发布时间	视频发布时间最好在晚上八九点，周末中午十二点左右，并且避开大事件
7	标题封面博人眼球	视频标题一定要短，关键字显眼，封面博人眼球
8	多账号、全渠道覆盖	建立多个账号，尽可能地覆盖抖音、QQ、微信、今日头条等短视频平台
9	注重评论区引流	内容发布后，利用个人账号在评论区第一时间评论，评论内容观点独到，语言犀利，能引导话题方向以及引导其他客户评论

直播客户开发从直播前、直播中、直播后 3 个节奏进行开发。直播客户开发程序如表 5-9 所示。

表 5-9　直播客户开发程序

时间	程序	具体说明
直播前	选品合适	根据不同季节以及客户反响选择适合的直播商品
	台词制定	每一场直播都要进行台词设计,并且每一位主播可以打造自己的独特台词
	场景设置	根据商品属性设置合适的场景,例如家具门店可打造温馨的家庭化场景
直播中	活动优惠	利用目前一些特殊活动日,例如"双十一""618",在直播间设置优惠活动
	互动提问	及时与直播间客户互动,向客户提问并及时回答客户的问题
	鼓励关注	直播过程中鼓励客户关注直播间
	连麦 PK (Player Killing)	在直播间与其他主播连麦 PK,吸引客户观看
	专享优惠券	设置直播间专属优惠券,吸引客户进直播间
	下期预告	直播结束时预告下期商品及优惠力度
直播后	数据分析	对直播中商品销售数据、直播间人数进行统计分析,为下一次直播选品提供支持

5.2

接待与成交：巧服务使成交事半功倍

销售接待贯穿于客户进店到离开的全过程,接待态度、方式直接影响到后面的成交。在客户接待过程中,应充分熟悉商品、捕捉用户情绪,利用相关的技巧,促进交易达成。

5.2.1　不同类型客户的接待技巧

客户接待技巧是门店店长及店员必学的一课。接待过程中,需要根据客户的不同类型,采取相应的接待技巧,并摆正心态,学会身份互换,用心去服务客户。

（1）不同性别客户的接待

① 男性客户。一般男性客户进入门店都带着一定的购物目的，特点是比较理智，购买行为果断。面对男性客户的接待，要侧重提供商品实用性信息，语言精练，给予自由空间思考。

② 女性客户。通常，女性客户在购买过程中没有很强的购买目的，容易受到环境影响，冲动消费，并且会对各个商品进行细致的对比，期待找到最好的一款。面对女性客户的接待，要侧重于了解客户的喜好，注意客户在商品上的停留时间、眼神变化进行针对性介绍。

（2）不同年龄段客户的接待

根据不同的年龄段，将客户分为青年客户、中年客户和老年客户三种类型。针对他们各自不同的特点，需要采取不同的接待技巧。不同年龄段客户的接待技巧如表 5-10 所示。

表 5-10　不同年龄段客户的接待技巧

类型	特点	接待技巧
青年客户	追求时尚,有个性,易冲动	介绍简单明了,语言精练,激发购买欲
中年客户	理智,讲究实用性和便利性	突出商品的特点,语言精练
老年客户	反应慢,注重实用性、舒适性以及良好的服务态度	细心、耐心地讲解,语速放慢,必要时候根据老人情况提出建议

（3）不同消费等级客户的接待

根据客户不同的消费等级，可将客户分为 VIP 客户、会员客户和普通客户三种类型。针对他们各自不同的特点，需要采取不同的接待技巧。不同消费等级客户的接待技巧如表 5-11 所示。

表 5-11　不同消费等级客户的接待技巧

类型	特点	接待技巧
VIP 客户	有特定喜好,喜欢特殊化,经济压力较小	热情,接待室接待,按照客户喜好推荐限定商品
会员客户	信赖门店,希望享受折扣	热情,细致,语言精练
普通客户	对门店商品没有表现出明显偏好	细心,耐心讲解,引导客户说出自己的喜好

（4）不同性格客户的接待

根据心理学的研究，把人的性格分成四种类型：活泼型、完美型、力量型和和平型。面对这四种类型的客户，需要采取不同的接待技巧。不同性格客户的接待技巧如表 5-12 所示。

表 5-12　不同性格客户的接待技巧

类型	特点	接待技巧
活泼型客户	活泼、乐观，有个性且易冲动	介绍简单明了，语言精练，多赞美
完美型客户	稳重、理性、逻辑性强	介绍产品性能、优势，突出讲解的专业性
力量型客户	果断、行动力强、不易被说服	细心、耐心、突出讲解商品实用性
和平型客户	平和、谦逊、犹豫、行动力差	建立感情联系，主动给客户做介绍和制定购买选择方案

5.2.2　商品介绍的 8 个方法与 7 个技巧

商品介绍需要充分了解商品性能，具备较强的沟通能力和熟练的沟通技巧。在向客户介绍商品时，要尽可能地找到客户真正的诉求，针对性地推荐合适的商品进行介绍。

（1）商品介绍方法

在服务过程中，可根据具体场景选择以下一种或几种方法进行商品介绍。商品介绍方法如表 5-13 所示。

表 5-13　商品介绍方法

序号	方法	具体说明
1	FAB 法	从 F（属性）、A（优点）和 B（益处）三方面对商品进行介绍
2	比较法	把当下商品和更高级的商品进行比较，借助更高级商品的价值和影响力，让客户对本商品认可
3	拟人、拟物法	将抽象、专业化的商品卖点转化为客户能够看得见、摸得着的人或事物，例如"这款商品仅有 50 克，相当于一个鸡蛋的重量"
4	五觉法	从听觉、视觉、触觉、嗅觉、感觉多方面营销，例如销售讲解中，高档品牌专卖店会放一些慢节奏的钢琴曲等音乐来凸显自己的品牌价值
5	构图讲解法	在客户脑子里构建一幅画，让客户感受到这幅画带给他的快乐和恐惧。例如汽车销售时讲解"这辆车性能稳定，您在和家人出游时不必担心汽车打滑的问题"

序号	方法	具体说明
6	提问式讲解法	当客户比较沉默时,可向客户提问,引导客户进行沟通。例如提问"先生,您知道这个键有什么作用吗",待客户回答后,再详细介绍一遍
7	定标准法	给客户设定一款商品的标准,再介绍标准之上的商品,客户会认可本商品。例如"好的SUV的离地间隙都要达到200mm以上,咱们这款车就能达到这个标准"
8	数据法	将数据概念具体化或者整体化,让客户更加明了。 具体化:"这款商品三百块钱,相当于每天不到一元钱"; 整体化:"这款商品每一百公里耗油6.8升,很节能,相比普通商品耗油7.4升,一年算下来您可以节省几千块钱呢"

（2）商品介绍技巧

在选择具体方法进行沟通的过程中,还需要注重具体沟通技巧,以提升客户的满意度,高效地促成商品的成交。具体商品介绍技巧如表5-14所示。

表5-14　具体商品介绍技巧

序号	技巧	具体说明
1	了解商品,介绍全面	不仅要了解本门店商品,还需要了解其他竞争对手的商品,在介绍商品时,尽可能全面地介绍
2	语速适中,真诚耐心	语速适中,表达真诚、耐心,让客户感受到优质的服务质量
3	适当停顿,引起注意	适当停顿,让客户对讲解的商品产生注意力,引起客户的思考
4	借助肢体,沟通流畅	借助肢体语言,能更全面、详细地介绍商品,让商品介绍更通俗易懂
5	商品示范,增强信任	介绍商品的同时,进行商品示范,让客户对商品性能更加了解,同时增加对门店销售人员的信任
6	换位思考,将心比心	站在客户角度,思考商品是不是对客户有益,先打动自己,才能打动客户
7	介绍巧妙,扬长避短	商品介绍时,挖掘客户的需求点,然后结合商品特点,着重介绍商品优势,按照情况委婉介绍其缺点

5.2.3　客户异议处理的 9 个方法

客户异议是指客户在接受商品推销的过程中针对门店服务及产品提出的各种不同看法和反对意见，它是商品销售过程中无法避免的。

在尽可能了解到客户的真实异议之后，需要结合当下情况，采取合适的方法和技巧来解决客户的异议，这样一方面有利于促进成交；另一方面有利于提升客户满意度，树立门店形象。常见客户异议处理方法如表 5-15 所示。

表 5-15　常见客户异议处理方法

序号	方法	具体说明	示例
1	让步处理法	先承认客户的看法有一定的道理，向客户做出一定的让步，然后讲出自己的看法	客户：这种样式的鞋早就过时了。 销售人员：小姐，这样式确实是几年前流行过的，我想您是知道的，潮流是轮回的，今年又流行回来了
2	转化意见法	利用客户的反对意见本身来处理客户异议。将客户的反对意见转化为赞同意见	客户：对不起，我很忙，没时间和你谈话。 销售人员：正因为您忙，您一定想过怎样节省时间吧。我们的商品就可以帮您节省时间，给您增加闲暇的机会
3	以优补劣法	当客户的反对意见正好切中门店销售人员所推荐商品的缺陷时，先肯定缺点，然后淡化处理，利用商品的优点来补偿甚至抵消缺点	客户：这东西一看质量就不怎么样。 销售人员：确实质量有问题，所以才削价处理的。不过价格可是优惠很多，而且保证这种商品的质量不会影响商品的使用效果
4	意见合并法	将客户的几种意见汇总成一个意见，或把客户的反对意见集中在一个时间讨论，削弱反对意见对客户的影响	销售人员：其实您最关心的就是这件衣服会不会缩水变形，这您绝对可以放心，它是经过××工艺加工过的，任何情况下都不会缩水变形
5	直接否定法	根据事实直接否定客户异议	客户：为什么这件大衣要用水晶扣而不用金属扣呢？是不是为了便宜啊！ 销售人员：其实这种扣子绝对不比金属扣便宜。这件大衣颜色浅，配上水晶扣更能增加衣服的品位

序号	方法	具体说明	示例
6	优势对比法	将自己门店商品的质量、价格、特性等与竞争对手的商品相比较,从而突出自己门店商品的优势	销售人员:您说得对,这是此类商品的通病。目前国内还没有哪家企业能够彻底解决这个问题。但是,我们的商品与其他同类商品相比,在这方面改进了许多,是做得最好的
7	比喻处理法	通过采用恰当的比喻解决问题,帮助客户了解商品	客户:一张好好的脸,抹上那么多层化妆品能行吗? 销售人员:您看,在面部同时使用几种不同的护肤品,就像给皮肤穿上了衣服,使它不易受到外界的侵蚀,达到预防和改善皮肤问题的目的
8	讨教客户法	积极地向客户讨教,和客户进行讨论,在讨论中说服对方购买商品	销售人员:您说得不错,××护肤品的确很好,客户反响也很好。看来您也是这方面的专家了,不知您今天是否有时间,我想向您讨教一下该品牌,还望您不吝赐教
9	反问客户法	对客户的异议提出反问来化解客户的异议	销售人员:您是说这款机型有问题,是吗

5.2.4 适时成交的10种方法

适时成交是指选择合适的时机促进交易达成。要取得胜利,需要调整心态,创造条件,把握良好的时机与信号,掌握相关技巧与方法,最终达成交易。

(1)把握要求客户成交的时机

在接待客户、介绍商品的过程中,需要把握客户成交的最佳时机,这样才能水到渠成地达成交易。销售过程中的3种最佳成交时机如图5-5所示。

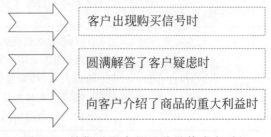

客户出现购买信号时

圆满解答了客户疑虑时

向客户介绍了商品的重大利益时

图5-5 销售过程中的3种最佳成交时机

同时，还应当观察细致，注意客户在商品上的停留时间、眼神变化或者对于某件商品明显的情绪变化，随时做好成交准备。

（2）使用适当的成交方法

客户服务过程中，需要根据具体的情况，适当地选用如表5-16所示的10种方法促成交易。

表5-16　具体成交方法

序号	方法	具体说明
1	直接成交法	用一句简单的陈述或提问请求客户购买商品
2	假设成交法	在假定客户已经同意购买的基础上，通过提出一些成交后才应考虑的具体问题，例如"我会把发票寄给您"
3	选择成交法	向客户提供一些购买决策的选择方案，并要求客户从中做出选择，例如"您是选择这款颜色还是另一款呢"
4	避重就轻成交法	避免直接提出重大的成交问题，而是利用较小的成交问题，来间接促成交易，例如"您完全不必担心交货时间问题，我们保证按时交货，这个月或者下个月都可以，您看呢"
5	引导式成交法	不停地询问客户关于商品的意见，使得客户不停地赞同认可销售人员的意见，从而将认可强化到客户的潜意识中，然后使得交易最终顺理成章地完成
6	疑虑探讨法	当客户已经表现出了成交信号，但是仍然在犹豫时，门店销售人员可以揣测客户心理，直接询问客户犹豫的原因，并立即消除对方的疑虑，然后与其他的成交方法相配合促进交易
7	保证成交法	直接向客户提出成交保证，促使交易立即成交
8	激将成交法	采用一定的语言技巧激将客户，使客户在逆反心理作用下完成交易，例如"这款商品价格会比较高，您需要先征求一下您先生意见吗"
9	从众成交法	利用客户的从众心理，来促使客户立即购买，例如"这款产品对面部淡斑很有效果，目前有这方面困扰的客户几乎都下手了，您还在犹豫吗"
10	优惠成交法	告知客户商品正处于促销折扣期间，促进交易成交

5.2.5　5种情况的成交话术

销售的目的是成交。面对客户各种各样的疑虑，需要提前掌握一定的成交话术，根据客户的疑虑，针对性地运用成交话术，促进交易达成。以下是常见的客户疑虑及话术技巧。

（1）"我要考虑一下"成交法

当客户说"我要考虑一下"时，说明客户在某些方面可能还存在一个或多个疑虑，需要当即采取相应话术技巧，以进一步促成后面的成交。"我要考虑一下"成交法话术技巧如表 5-17 所示。

表 5-17　"我要考虑一下"成交法话术技巧

方法	话术技巧
询问法	先生(女士)，是我刚刚哪里没有讲解清楚，我能问一下您需要考虑哪方面吗
假设法	先生(女士)，如果您现在购买，可以享受我们活动期间的 8 折优惠，这是全年最大的优惠力度，如果您下次再来，这样的折扣就没了
直接法	先生(女士)，说真的，会不会是钱的问题，或您是在推脱吧，想要躲开我吧

（2）"不在预算内"成交法

当客户以"不在预算内""太贵了"为借口准备拖延成交时，首先要相信自己商品值这么多价，不能一开始被客户说得"太贵了"说服，坚信一分钱一分货，再采取合适的成交话术，促进交易达成。"不在预算内"成交法话术技巧如表 5-18 所示。

表 5-18　"不在预算内"成交法话术技巧

方法	话术技巧
比较法	先生(女士)，市场××牌子的××钱，这个商品比××牌子便宜多啦，质量还比××牌子的好
拆散法	先生(女士)，咱们这个商品一共有三部分，相当于每一部分就花了××钱，很划算的
平均法	先生(女士)，这个商品您可以用很多年，按 2 年计算，平均到每一天，您每天才花几毛钱，很划算的
赞美法	先生(女士)，一看您就比较注重生活品质，这款商品也很符合您的气质，您不会不考虑吧
前瞻法	先生(女士)，这款商品您日后是用来服务您的客户，它能比您现在的设备提供更优质的服务，吸引更多的客户，您看这算不算一笔更划算的投资呢
攻心法	先生(女士)，看得出您是喜欢这款商品的，遇到一件喜欢的东西如果不及时抓住，错过了会非常遗憾的

（3）"市场不景气"成交法

当客户以"市场不景气"为由，不打算购买的时候，要坚定"不景气时买入，景气时卖出"的态度，选择合适的技巧促进交易达成。"市场不景气"成交法话术技巧如表5-19所示。

表5-19　"市场不景气"成交法话术技巧

方法	话术技巧
讨好法	先生（女士），您要把握逆向思维原理，当别人都卖出，成功者购买；当别人都买进，成功者卖出，很多成功者就是在不景气的时候建立了成功的基础，其实您可以好好思考一下
化小法	先生（女士），目前大环境确实是不景气，但是具体到我们个人，影响程度并没有很大吧，其实它并没有很大程度影响您购买咱们的商品
例证法	先生（女士），与您类似的一位先生也是觉得市场不景气，一开始犹豫要不要购买咱们的商品，后面他购买之后跟我反馈过，商品的使用并没有很大程度地受到市场影响，还觉得物有超值呢

（4）"能不能便宜点"成交法

当客户准备对商品进行砍价时，要坚定"物有所值"的态度，选择合适的方法促进交易达成。"能不能便宜点"成交法话术技巧如表5-20所示。

表5-20　"能不能便宜点"成交法话术技巧

方法	话术技巧
价值阐述法	先生（女士），我们门店比较注重商品质量，您可以看一下这款商品的性能，再对比同类商品，可以说它就是值这个价的
底牌法	先生（女士），这个价格已经是全年最低价了，这款高质量商品价格您还想要再低一些，我们实在是做不到了
诚实法	先生（女士），您要明白，花很少的钱买到高质量的商品这种概率是很小的，如果您需要价格更低的，我们这里没有，其他地方几乎也是没有的，目前这款对于您来说已经是性价比最高的了

（5）"不想要"成交法

当客户对提出的交易请求直接拒绝时，要相信一名优秀的销售有能力改变客户想法，再选择合适的方法促进交易达成。"不想要"成交法话术技巧如表5-21所示。

表 5-21 "不想要"成交法话术技巧

方法	话术技巧
询问法	先生(女士),我看您对这款商品挺感兴趣的,请问我能了解一下您是因为什么原因不想要它呢
比心法	先生(女士),如果您在向您的客户推荐一款他很喜欢的商品,您会不会因为一点点小问题让客户对您说"不"呢,所以今天我也不会让您拒绝我,让我来解决您的问题吧
交情法	先生(女士),您也算是咱们门店的老客户了,我也给您服务过很多次,相信您对咱们门店商品质量也是比较信赖的,这款商品我也是真心觉得适合您才推荐给您的,您可以认真考虑一下哦

5.3 ▶▶

收银管理：管好每一分每一角

收银是每个门店中非常重要的一部分。做好收银管理,需要建立一个体系化的收银管理制度,规范收银员的收银操作流程,目的是加强门店资金管理,保障门店财产安全,促进门店长期稳定的发展。

5.3.1 收银作业流程

收银作业是门店每日工作中必不可少的工作,进行收银培训时,不仅要进行办公软件、收银设备使用的培训,还要注重沟通能力和学习能力的培训,提升收银员在收银作业中的工作效率。收银作业流程主要分为营业前、营业中、营业后三个部分。

（1）营业前

在营业前,需要准备好收银过程中要用到的东西,打开收银设备并进行简单操作确保设备能正常运作,了解当日特价商品和变价商品,以便收银作业能顺利进行。收银员营业前作业检查表如表 5-22 所示。

（2）营业中

在营业过程中,需要按照门店制定的收银标准来进行收银作业,避免因为操作不规范引起客户的不满。收银作业流程如图 5-6 所示。

收银作业流程关键节点说明如表 5-23 所示。

表 5-22　收银员营业前作业检查表

时段	检查内容		是否执行
营业前	检查仪容,佩戴工牌		
	准备收银必备品	零钱	
		购物袋	
		筷子/吸管/勺子/牙签	
		本子/笔/空白新收银条纸	
		"暂停营业"牌/"正常营业"牌	
	收银流程预先操作		
	了解当日特价商品和变价商品		
门店:　　　　　　　收银员:　　　　　　　日期:　　年　月　日			

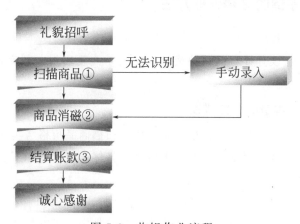

图 5-6　收银作业流程

表 5-23　收银作业流程关键节点说明

关键节点	详细描述及说明
1	对商品条形码进行扫描,并确保商品售价及代号无误
2	收银员在扫描商品后,将其放置于消磁板上消磁
3	收银员在商品结算后告知客户金额,和客户确认收款方式,并将商品装入购物袋

（3）营业后

营业结束后，需要对当日数据整理并记录，将当日收银记录移交给下一位收银员，清洁收银区，关闭电源。收银员营业后作业检查表如表 5-24 所示。

表 5-24　收银员营业后作业检查表

时段	检查内容		是否执行
营业后	当日数据整理并记录到营收系统后移交给下一位收银员		
	清洁收银区	整理作废的收银条	
		擦拭收银桌面	
		打扫收银区	
	关闭收银设备并断电		
门店：　　　　　　收银员：　　　　　　　　日期：　　年　　月　　日			

5.3.2　收银差错的 2 种处理方法

在收银作业过程中出现差错是难免的，主要包括收银员本身的结账错误和营业统计后的收付错误。针对这两种错误，应给予高度重视，制定相关处理规定，减少类似问题发生。

（1）收银员本身的结账错误

进行收银作业时如果出现扫描商品多次、扫描商品价格与实际价格不相符等问题，需要立即处理，降低客户的不满情绪。具体处理步骤如下。

① 礼貌道歉。

② 如果发生价格多打并且收银结算单已经打出，首先询问客户愿不愿意再购买其他商品，如果不愿意则需要将收银结算单作废并重新打印。

③ 请求客户在作废的结算单上签字并再次表示歉意。

（2）营业统计后的收付错误

下班前，需要对当日应收金额与收银累计总账进行核对，如果不一致，需要进一步统计差额并寻找原因。

① 如果出现营业收入短缺，首先要分析出现该问题是否属于人为，定责再进行赔偿。

② 如果出现营业收入盈余，不管什么原因，应由收银员支付同等盈余金额，让营业员寻找原因并反思，填写作业评估表，杜绝此类事情发生。收银员结账作业评估表如表 5-25 所示。

表 5-25　收银员结账作业评估表

收款机编号/营业员	营收营业额	收银台营业额	差额	赔偿额
盈余或短缺原因				
备注				
店长签字：			日期：　年　月　日	

5.4

发货管理：跟踪商品离店

当客户在门店网站、电商交易平台购买商品，以及在门店购买商品后需要送货上门，都会涉及商品发货及配送。发货及配送作业中，需要对全流程进行管理，包括发货前检查、配送模式选择和配送流程管理，以实现门店规范化运作。

5.4.1　发货前检查

做好发货检查工作，需要对商品质量和包装进行检查，并及时记录和整理各项发货数据资料。发货前检查必不可少，目的是保证客户拿到商品的质量有保证，提高客户满意度，促进门店长期发展。

（1）商品质量检验

① 编制货物质量检验计划，交由上级主管审核后开始实施。

② 按照发货检验标准对货物进行检验，拒绝对不合格货物进行发货。

③ 记录和整理货物出库信息，建立相关台账，保证信息、数据的有效性。

（2）商品包装检验

① 按照发货包装检验标准对货物进行检验，禁止对不符合包装要求的货物进行发货。

② 记录和整理发货包装检验信息，建立相关台账，协调包装人员改正货物包装问题。

③ 根据货物的包装规格做好货物的发货准备工作，方便发货。

5.4.2　配送模式的3种选择

常见的配送模式主要有自配送、第三方物流配送和共同配送三种模式。

自配送是指物流的每一个环节都是由企业自己搭建。第三方物流是指企业将自己的配送业务委托给专业的第三方物流企业。共同配送是指多个物流企业通过沟通与协作来完成配送任务。各种配送模式优缺点如表5-26所示。

表5-26　各种配送模式优缺点

物流模式	优缺点
自配送物流模式	优点:可以更好地控制供应链的每个环节,便于管理,有利于提升客户忠诚度
	缺点:投入过大,成本较高,物流配送专业度难以保证
第三方物流配送模式	优点:第三方物流拥有良好的运输和分销网络,专业化程度高,企业委托第三方物流后可将重心全部放在核心业务上
	缺点:不能直接控制物流配送全过程
共同配送物流模式	优点:充分集中人力和物力,效率提高
	缺点:运作主体多元化,物流协调运作存在困难

5.4.3　配送流程

确定好适合的配送模式之后,就可以进行相应的物流配送。配送过程需要仓储部、销售部相互配合,提升物流配送效率,同时在运输结束之后需要与客户沟通,确保货物完整到达客户手中,提升客户满意度。货物配送流程如图5-7所示。

货物配送流程关键节点说明如表5-27所示。

表5-27　货物配送流程关键节点说明

关键点	详细描述及说明
1	对订货单上客户所订货物、客户留言进行审查,确保配送货物、客户具体要求不出错
2	在货物分拣前,销售部需要与仓储部保持联系,将客户的临时新增要求、临时取消订货信息返回仓储部
3	物流运输可选择企业自配送和第三方物流配送模式,图5-7是企业自配送模式
4	货物到达客户手中之后,销售部需要及时填写销售信息表,回访客户,接受反馈

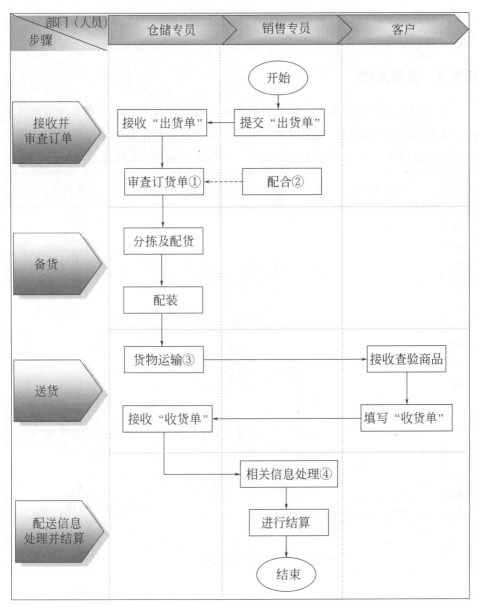

部门 (人员) 步骤	仓储专员	销售专员	客户
接收并审查订单	接收 "出货单"	开始 → 提交 "出货单"	
	审查订货单① ⟵ 配合②		
备货	分拣及配货		
	配装		
送货	货物运输③		接收查验商品
	接收 "收货单" ⟵		填写 "收货单"
配送信息处理并结算		相关信息处理④	
		进行结算	
		结束	

图 5-7　货物配送流程

5.5

退换货管理：让购买无后顾之忧

退换货服务是门店售后服务的重要内容之一，它是对客户的一份承诺。在接到客户的退换货申请时，要及时响应，及时处理并跟踪，改善门店服务质量，避免造成客户不满与投诉。

5.5.1 退货流程

在门店商品销售过程中，难免会遇到客户退货的现象。在处理客户退货要求时，需要按照接待客户、询问情况、协商解决、处理并记录四个步骤进行，降低客户的不满意度，并提升整体工作效率。退货流程如图 5-8 所示。

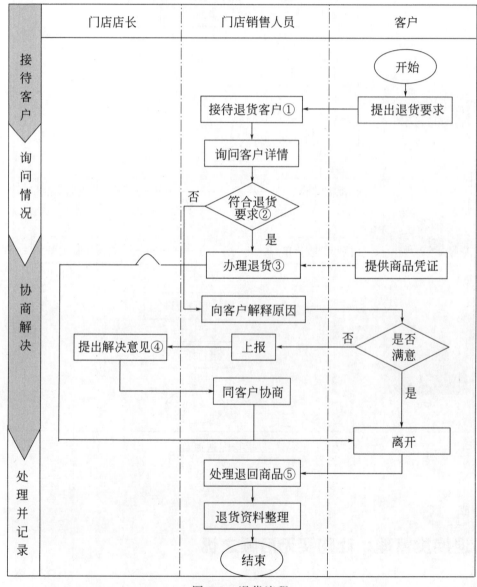

图 5-8　退货流程

退货流程关键节点说明如表 5-28 所示。

表 5-28　退货流程关键节点说明

关键节点	相关说明
1	门店销售人员接待前来办理退货的客户,询问客户是否携带购物小票或其他所需的退货凭证
2	门店销售人员根据客户的陈述和门店退货管理规定,判断能否为客户办理退货
3	门店销售人员填写退货单,复印客户的收银小票或发票,并同收银员联系退给客户金钱
4	门店店长根据客户的意见和门店销售人员上报的情况,提出解决客户商品退货纠纷的建议
5	门店销售人员根据门店退回商品处理办法,将退货商品放在退货商品区,并将退货单的一联贴在商品上

5.5.2　换货流程

当客户对购买的商品的规格、颜色、型号不满意，或者商品有破损时，客户会选择换货。在处理客户换货要求时，需要立即接待客户并及时处理换货，避免客户产生负面情绪和不满。换货流程如图 5-9 所示。

换货流程关键节点说明如表 5-29 所示。

表 5-29　换货流程关键节点说明

关键节点	相关说明
1	门店销售人员接待前来办理换货的客户,询问客户是否携带购物小票或其他所需的换货凭证
2	门店销售人员根据客户的陈述和门店换货管理规定,判断能否为客户办理换货
3	门店销售人员填写换货单,复印客户的收银小票或发票,并收回客户要替换的商品
4	门店店长根据客户的意见和门店销售人员上报的情况,提出解决客户商品换货纠纷的建议

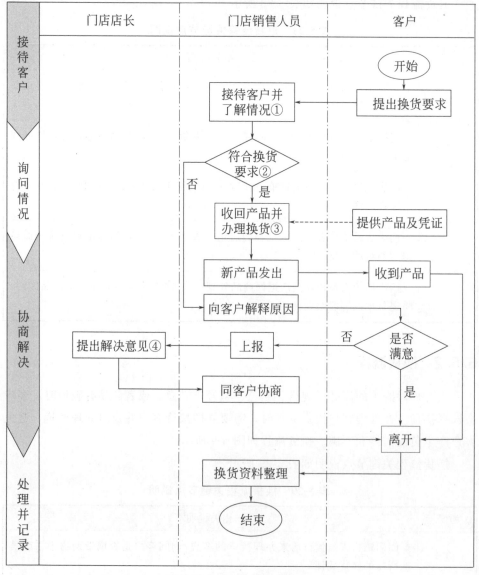

图 5-9　换货流程

调拨货管理：让商品最大化利用

　　调拨货是门店常见的商品运营动作，通常是指把商品从一个门店调往其他门店。调拨货的目的是使资源得到合理分配，利润最大化，库存最小化。合理的商品调货需要及时监控门店库存并制定高效的调拨货管理流程。

5.6.1 调拨货的5种情况

门店会在各种不同的情况下，根据销售活动进展、商品库存量向其他门店进行调拨。在进行调拨时，需要按照门店调拨货相关要求，选择合适的调拨方法进行调拨，实现营销价值最大化。

（1）调拨货的情况

门店会在不同的情况下向其他门店调拨货。常见的调拨货情况如表5-30所示。

表5-30 常见的调拨货情况

序号	情况	具体说明
1	畅销款调拨	商品畅销时，向其他门店申请调拨
2	滞销款调拨	把销售不好或者长期不动销的商品调到其他销售较好的门店
3	尺码补全	针对因销售而断码的货品，在销售补货无法满足的情况下从其他门店调入相应的尺码
4	货物归并	将库存量不大、分布较散、销售不佳的货品归并到一个或几个店铺
5	其他调拨	例如新开店铺向其他店铺申请商品调拨

（2）调拨货的方法

在进行调拨时，可就近选择距离较近的门店进行调拨。首先要对门店商品库存进行清点，发起调拨货申请，经批准后向其他门店进行调拨，根据货品性质、急需程度选择合适的运输方式，进行商品调拨。

5.6.2 调拨货流程

门店销售过程中经常需要向其他门店进行调拨货。每个门店都应该制定一套高效的调拨货管理流程，确保下属门店调拨有序、合理，节约调拨成本，提升运营效率。调拨货流程如图5-10所示。

调拨货流程关键节点说明如表5-31所示。

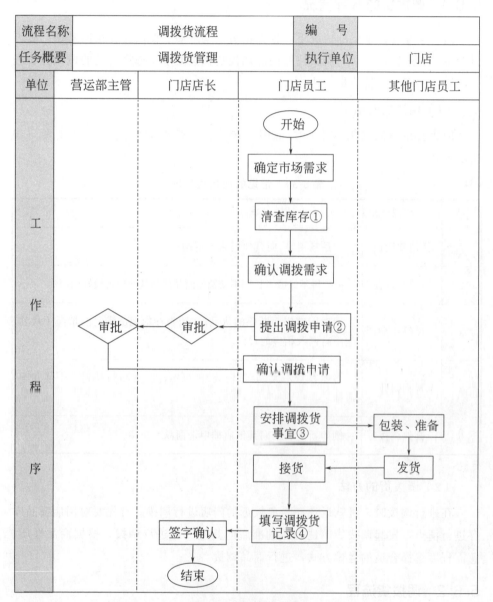

流程名称	调拨货流程		编　号	
任务概要	调拨货管理		执行单位	门店
单位	营运部主管	门店店长	门店员工	其他门店员工

图 5-10　调拨货流程

表 5-31　调拨货流程关键节点说明

关键节点	相关说明
1	清查库存时同时计算活动期内总共需要的商品,避免调拨太多,影响其他门店销售
2	营运部主管在审批门店的调拨申请时,需要对比门店销售业绩情况,审核该调拨申请是否合理
3	安排调拨货事宜包括选择调拨货时间、运输方式等
4	门店员工填写完调拨货记录表,再由店长签字确认

第6章

门店客户管理

6.1

▶▶

档案整理：让营销有迹可循

客户信息档案是门店在与客户交往活动中形成的客户数据资料，其中包括客户基本资料、客户购买记录和客户维护记录等。对客户信息档案进行管理，一方面有利于维护已有客户，挖掘潜在客户；另一方面有利于为门店制定销售策略提供依据。

6.1.1 客户信息收集与及时登记

客户信息收集是建立客户信息档案的基础。对客户信息需要进行全面收集，并对信息进行整理和分析，建立规范化、例行化的客户信息档案，使收集的客户信息能在不同的门店之间实现信息共享，最大化地为门店节约资源和提升服务质量。客户信息收集工作流程如图 6-1 所示。

客户信息收集工作流程关键节点说明如表 6-1 所示。

表 6-1　客户信息收集工作流程关键节点说明

关键节点	相关说明
1	制订客户信息收集工作计划需考虑收集客户哪些信息,例如姓名、住址和联系方式等
2	确定收集方式需要根据门店客户群体特征来确定,选择一种或几种方法同时使用
3	制定客户信息管理档案需进行充分的整理,确保档案信息内容不出错

6.1.2 客户信息系统的建立

建立客户信息系统，是指利用软件、硬件和网络技术，为门店建立一个客户信息收集、管理、分析和利用的信息系统。在此需要强调的是，在建立客户信息系统时，要充分明确系统的管理需求，以便门店员工对系统的充分利用。在提升客户满意度的同时，提高门店的经济效益。客户信息系统建立流程如图 6-2 所示。

客户信息系统建立流程关键节点说明如表 6-2 所示。

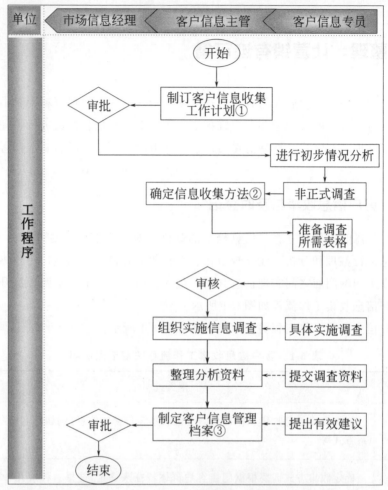

图 6-1　客户信息收集工作流程

表 6-2　客户信息系统建立流程关键节点说明

关键节点	相关说明
1	信息技术部主管在确定数据库结构时需要根据数据库类型进行制定,确保数据库结构能够满足门店日常工作中客户信息的录入与查询
2	确定表之间的联系与索引,确保客户信息与其他购买记录、维护记录等能联系起来
3	数据库试运行期间要从门店员工的角度进行试运行,确保系统无障碍

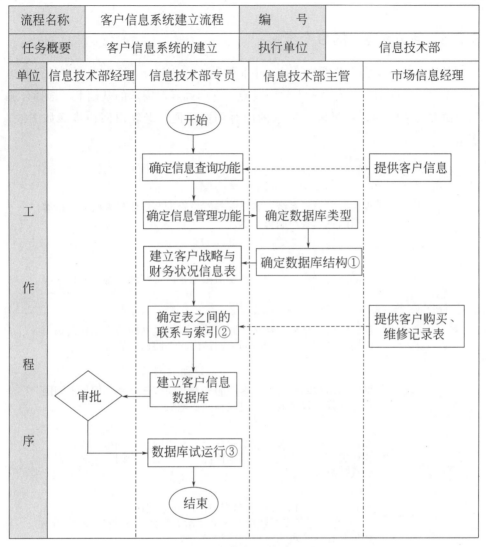

流程名称	客户信息系统建立流程		编 号	
任务概要	客户信息系统的建立		执行单位	信息技术部
单位	信息技术部经理	信息技术部专员	信息技术部主管	市场信息经理

图 6-2　客户信息系统建立流程

6.2

关系维护：坚持"客户就是上帝"

　　客户关系是指门店为达到其经营目标，特意与客户之间建立的某种联系。门店在长期发展过程中，需要建立良好的客户关系并进行维护。掌握相应客户关系维护技巧，有利于巩固与客户间的关系，维护门店与客户双方的合作利益，实现合作双方的双赢。

6.2.1 回访老客户的9个步骤

回访老客户是客户关系维护技巧中非常重要的一部分，在对老客户进行回访时，需要注重回访的"有效性"这一特点。在明确客户需求的基础上，选择合适的回访方式和时间，满足客户需求的同时创造价值。老客户回访步骤如图6-3所示。

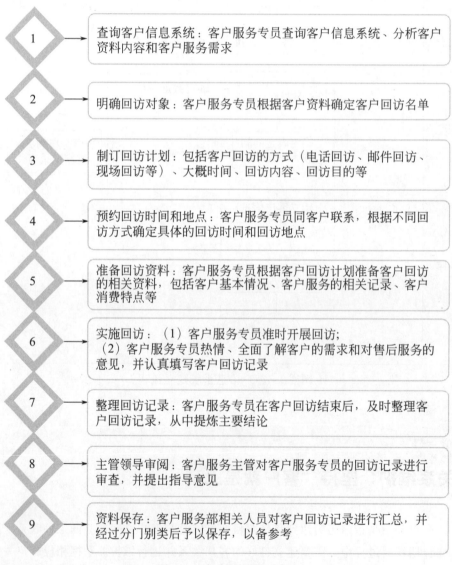

1 查询客户信息系统：客户服务专员查询客户信息系统、分析客户资料内容和客户服务需求

2 明确回访对象：客户服务专员根据客户资料确定客户回访名单

3 制订回访计划：包括客户回访的方式（电话回访、邮件回访、现场回访等）、大概时间、回访内容、回访目的等

4 预约回访时间和地点：客户服务专员同客户联系，根据不同回访方式确定具体的回访时间和回访地点

5 准备回访资料：客户服务专员根据客户回访计划准备客户回访的相关资料，包括客户基本情况、客户服务的相关记录、客户消费特点等

6 实施回访：（1）客户服务专员准时开展回访；（2）客户服务专员热情、全面了解客户的需求和对售后服务的意见，并认真填写客户回访记录

7 整理回访记录：客户服务专员在客户回访结束后，及时整理客户回访记录，从中提炼主要结论

8 主管领导审阅：客户服务主管对客户服务专员的回访记录进行审查，并提出指导意见

9 资料保存：客户服务部相关人员对客户回访记录进行汇总，并经过分门别类后予以保存，以备参考

图6-3 老客户回访步骤

6.2.2 建立客户群的 7 个注意事项

互联网时代，"社群"的范围从现实生活衍生到了网络空间，诞生了"网络虚拟社群"。在进行客户关系维护时，可利用"社群"的特点，建立自己的客户群随时互通信息，提高客户黏性与满意度。建立客户群随时互通信息注意事项如表 6-3 所示。

表 6-3　建立客户群随时互通信息注意事项

序号	注意事项
1	群内发言语气活泼、亲切
2	群内信息必须具备及时性、针对性、有效性特点
3	避免信息发送过多打扰到客户
4	提供持续"干货"，定期福利分享，维持客户群活跃度
5	严格把控，避免非门店员工打广告行为
6	群内信息发送时间选择黄金时间，例如中午十二点、晚上十点
7	客户在群里发消息必须及时回复

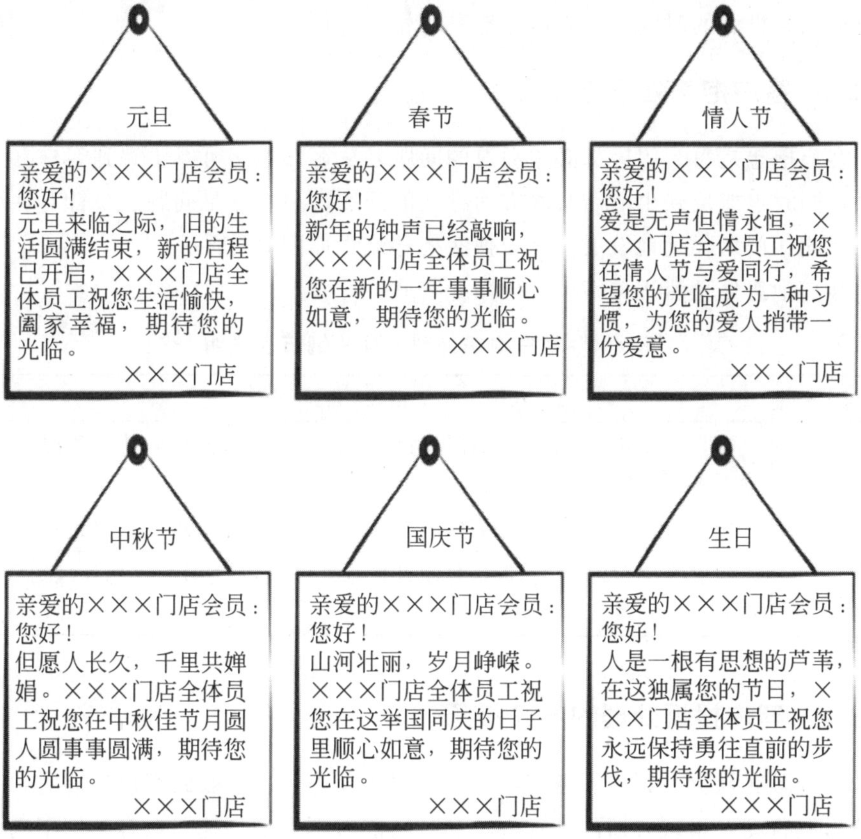

元旦

亲爱的×××门店会员：您好！
元旦来临之际，旧的生活圆满结束，新的启程已开启，×××门店全体员工祝您生活愉快，阖家幸福，期待您的光临。
×××门店

春节

亲爱的×××门店会员：您好！
新年的钟声已经敲响，×××门店全体员工祝您在新的一年事事顺心如意，期待您的光临。
×××门店

情人节

亲爱的×××门店会员：您好！
爱是无声但情永恒，×××门店全体员工祝您在情人节与爱同行，希望您的光临成为一种习惯，为您的爱人捎带一份爱意。
×××门店

中秋节

亲爱的×××门店会员：您好！
但愿人长久，千里共婵娟。×××门店全体员工祝您在中秋佳节月圆人圆事事圆满，期待您的光临。
×××门店

国庆节

亲爱的×××门店会员：您好！
山河壮丽，岁月峥嵘。×××门店全体员工祝您在这举国同庆的日子里顺心如意，期待您的光临。
×××门店

生日

亲爱的×××门店会员：您好！
人是一根有思想的芦苇，在这独属您的节日，×××门店全体员工祝您永远保持勇往直前的步伐，期待您的光临。
×××门店

图 6-4　常见的 VIP 客户节假日信息问候语

6.2.3 VIP 客户节假日信息问候的常见话术

根据市场营销中的二八原则，80％的销售额来自 20％的客户。VIP 客户是门店的核心竞争力，对这部分客户进行维护，需要为其提供个性化管理和人性化服务，例如在特殊节假日，提供个性化短信、微信和贺卡等问候。常见的 VIP 客户节假日信息问候语如图 6-4 所示。

6.3

抱怨与投诉处理：别让客户流失

客户对门店商品或服务不满意的时候，就会产生抱怨情绪，进而可能上升到投诉行为。如果处理得好，客户的满意度和忠诚度将会大幅度提高，所以在面对客户抱怨和投诉的时候，需要快速地采取相应的行动。

6.3.1 客户抱怨处理流程

客户抱怨是每个门店都必须面对的问题，从客户抱怨可以了解到客户真正的需求，同时也能反映出门店某些方面存在的问题，只有立足问题点，针对性地解决，才能让门店长远地发展。客户抱怨处理流程如图 6-5 所示。

客户抱怨处理流程关键节点说明如表 6-4 所示。

表 6-4　客户抱怨处理流程关键节点说明

关键节点	相关说明
1	客户专员受理抱怨,安抚客户情绪,并记录客户抱怨内容,进行整理汇总提交至客服主管
2	由客服主管对抱怨记录表内容进行查看并确定需要定责处理的抱怨事项
3	根据客户产品使用情况信息制订抱怨处理计划,并分析抱怨处理的重点,以真正解决客户问题

6.3.2 客户投诉处理的 5 个技巧

处理顾客投诉是客户服务部的一项重要工作内容。在收到客户投诉时，需要迅速采取行动，采取合适的处理方法和技巧能够事半功倍地平息客户的不满和提高门店的商品及服务质量。

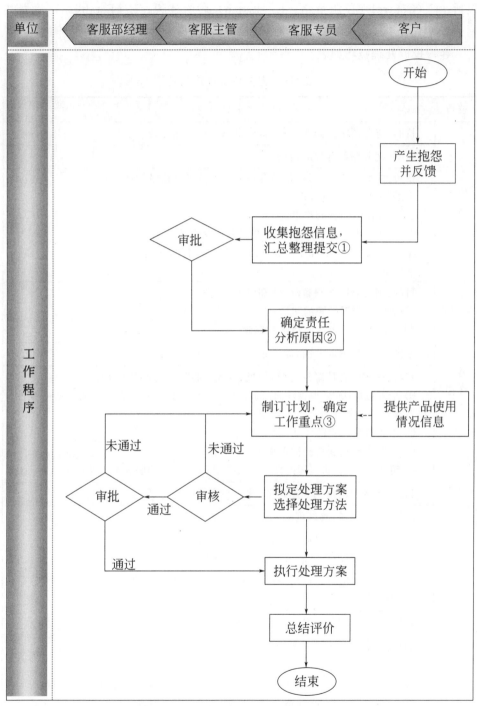

图 6-5　客户抱怨处理流程

有效处理客户投诉，改善客户情绪的技能之一——"CLEAR"方法，主要包括：C（Control）控制情绪、L（Listen）聆听述说、E（Establish）建立共鸣、A（Apologize）表示歉意和R（Resolve）提出方案。

客户投诉处理技巧如表6-5所示。

表6-5　客户投诉处理技巧

技巧	具体描述
控制情绪	目的：避免情绪受到客户影响，让事态变得更加复杂
	原则：充分理解客户的情绪
	技巧：面对客户的投诉，帮助客户服务人员平复情绪的技巧如下。 ① 深呼吸，平复情绪； ② 思考投诉问题的严重性； ③ 登高一步：明白客户不是对客户服务人员个人有意见； ④ 以退为进：在尽可能情况下给自己争取时间，如"我需要核实一下，十分钟后给您回电话"
聆听述说	目的：细心聆听客户言辞，达到以下目的。 ① 掌握所投诉问题的实质和顾客的真实意图； ② 明白客户想表达的情绪和感觉
	原则：为了理解而聆听，而不是为了回答而听
	技巧：在客户有情绪的时候，积极、有效地聆听应做到以下几点。 ① 全方位聆听：全神贯注，仔细聆听，比较听到、想到和看到的内容的一致性，揣摩客户的弦外之音； ② 不要打断客户的说话； ③ 让客户感觉到自己被重视； ④ 明确客户所投诉具体内容，对于不清楚的地方，客户服务人员请客户再说一遍
建立共鸣	目的：对客户的遭遇表示理解，建立与客户的共鸣，尽可能化解怨气
	原则：换位思考，真诚理解
	技巧：建立与客户共鸣的局面，可以采用以下技巧。 ① 内容复述：用自己的语言重述客户投诉的内容和原因； ② 对感受做出回应：把从客户的话语、语气感受到的情绪说出来； ③ 换位思考
表示歉意	目的：对客户表示歉意，进而使双方的情绪得到控制
	原则：对客户情形表示歉意，应遵循以下原则。 ① 严禁推卸责任； ② 道歉是必须的：即使客户是错的，也要为客户情绪上受到的伤害道歉； ③ 道歉要有诚意：必须态度端正，语气温和，态度坦诚； ④ 不要说"但是"

技巧	具体描述
表示歉意	技巧:对客户的情形表达歉意的技巧如下。 ① 为情形道歉:即使问题的归属还不是很明确,也需要进一步定责,也需要给客户道歉,但是需要注意的是,为情形道歉不是完全承认错误是门店的,而是为客户带来困扰、不便而道歉,例如可以说:"非常抱歉,给您添麻烦了"; ② 肯定式道歉
提出方案	目的:包括解决客户投诉的问题和寻求改善服务的方案
	原则:提出解决问题的应急方案和提出杜绝同类问题再次发生的预见性方案
	技巧:提出应急和预见性的方案有如下技巧。 ① 迅速响应,承诺客户:寻找问题的解决方案并及时与客户沟通,向客户承诺不再发生类似问题; ② 深刻检讨,信息存档:对客户投诉处理全流程做出记录并存档,深刻检讨,做到改善提高; ③ 问题落实,规范应对:对客户投诉问题产生的原因,处理的方法、步骤以固定的方式传达给所有门店员工,让员工能够规范应对; ④ 反馈投诉的价值

第 **7** 章

门店营运管理

7.1

▶▶

开好会议：确保经营目标实现

例会是部署、检查、监督工作的重要管理手段和形式。门店例会通常包括每日早会、每日晚会、周例会、月度会议和特定时间段的绩效分析会议。店长需要提前制定会议内容并做好例会结束后的跟踪，以持续优化例会管理过程。

7.1.1 早安排

早会是每日工作的开始，目的是布置当日工作任务，交流销售技巧。早会开得好，能够激发员工士气，对门店当日销售业绩也有积极的促进作用。在开早会过程中，店长尽量多微笑与鼓励，营造和谐积极的氛围。

（1）早会准备

在准备早会时，店长需要明确早会的目的和具体会议内容，提前掌握同比、环比销售数据，制定当日工作安排，并提前告知门店员工开会时间、地点，例如："我们的早会八点十分在门口准时开始，请各位准备一下！"

（2）早会召开

在早会召开时，店长需要对一天的工作进行统筹，在工作安排时尽可能全面。每日早会具体内容如表 7-1 所示。

表 7-1　每日早会具体内容

序号	早会安排	具体说明
1	仪容仪表检查	检查内容包括头花、衬衫领口、腰带、鞋子等,先让员工进行自检,再进行互检
2	事务传达	对门店新制度规定、新激励政策和表彰进行传达,对行业动态、新闻资讯进行分享
3	销售目标制定	回顾昨日和上周销售数据,制定当日销售总目标
4	任务分派	员工任务分派,具体包括销售负责片区划分,货物整理排班和个人销售目标制定
5	新商品介绍	门店上新时,对新商品卖点、价格进行介绍
6	活动介绍	有新活动时,对活动形式、折扣力度进行介绍
7	交流沟通	工作任务有疑问或者有其他想法时可及时提出,及时沟通

（3）口号宣言并散会

工作安排结束且门店员工都没有疑问之后，店长要组织所有员工进行当日口号宣言，然后散会，并开始当日工作。

（4）填写当日早晚会记录表

早会结束后，需要填写当日早晚会记录表，记录早晚会会议内容。早晚会记录表如表 7-2 所示。

表 7-2　早晚会记录表

值班/店长主持人_____		记录人/店长_____		___月__日 星期___
填写说明：白色部分内容为早会时填写，灰色部分内容为晚会时填写				
考勤情况	今日应到____人,实到____人,休息____人,请假____人,迟到____人			
早会流程			晚会流程	
□列队问好　□检查仪容仪表　□当日工作安排 □沟通交流　□口号宣言　□其他_____			□列队问好　□事务传达 □成果验收　□开单分享 □沟通交流　□末尾检讨	
序号	姓名	承诺目标	奖惩方式	完成情况
1				
2				
今日通知安排				
今日收获	今日不足		改善措施	

7.1.2　晚总结

每日晚会的主要任务是对当日工作进行总结。晚会可让员工轮流进行主持，让员工参与到门店管理中，一方面增加员工的责任感和凝聚力；另一方面可培养员工管理能力，为门店培养管理者。

（1）晚会召开

根据当日工作情况，店长或者门店员工召开晚会。每日晚会召开工作步骤如图 7-1 所示。

图 7-1　每日晚会召开工作步骤

（2）晚会总结

在开晚会之前，店长要先对门店当日销售情况进行总的分析，对门店员工整日工作状态有所掌握，再到晚会上进行具体工作总结，及时解决问题，提升员工工作效率。晚会工作总结内容如表7-3所示。

表7-3　晚会工作总结内容

序号	工作内容	具体说明
1	验收当日工作成果	检查当日销售总目标以及个人目标是否达成，对达标的员工给予表扬，对不达标的员工需要让其反思
2	销售冠军经验分享	对当日销售业绩靠前的员工进行表扬，并邀请销售冠军进行经验分享
3	公司当日事务传达	对当日公司事务信息进行传达，确保每位员工听明白并掌握
4	不良情况的检讨	对当日出现的客户投诉、商品介绍错误、收银差错等问题进行检讨，并按照门店相关管理制度进行奖惩
5	问题沟通及解决	对当日工作中未解决的问题进行沟通和探讨，寻求最佳解决方案

（3）填写当日早晚会记录表

在晚会结束后，需要填写当日早晚会记录表，记录晚会会议内容。

7.1.3　周例会

周例会的主要内容是对本周销售业绩进行短期总结，进行同比、环比分析，向目标看齐。对于店长来说，高效地组织周例会，可以促进绩效任务成功达成，同时也是在规范门店营运管理流程，促进门店长期稳定的发展。

（1）周例会前准备

① 分析本周销售数据。周例会开始前，店长要对本周销售数据进行整理，对比上一周数据，分析业绩增减情况并寻找原因，提前拟定下周计划。

② 会议通知。会议开始前，店长需要提前通知周例会的时间、地点及开会形式。

（2）周例会召开

根据销售业绩数据分析结果，店长按照一定的流程召开周例会，确保短期绩效任务达成。周例会步骤如图7-2所示。

（3）填写会议记录

周例会结束之后，要按照会议流程与召开内容，填写会议纪要表。会议纪要表如表7-4所示。

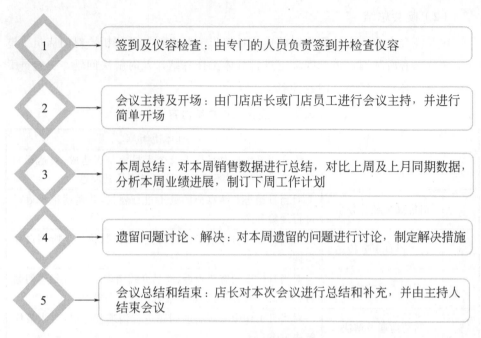

图 7-2　周例会步骤

表 7-4　会议纪要表

会议主题						
召开时间	年　月　日					
会议主持人				会议记录人		
参会人员						
缺勤迟到人员						
序号		会议议题		内容		改善对策
会议内容详情						

7.1.4　月激励

　　月度会议的主要内容是对本月的各项工作进行总结并部署下一个月的工作重心和目标，表彰业绩达标的员工并进行绩效激励，大概时间是在每个月的最后两天，要求全体员工参加。开展有效的月度会议，有利于增强全员的凝聚力、执行力、战斗力。

（1）月度会议会前准备

① 业绩数据分析。月度会议开始前，店长要对本月销售数据进行整理，对比上一月数据，分析业绩增减情况并寻找原因，提前拟定下月计划。

② 绩效激励设置。店长可制定月度激励政策，例如月奖（每月评销售之星，并拍照放大到 KT 板上）、新品推销奖以及客户开发奖，并设置奖品。

③ 会议通知。会议开始前，店长需要提前通知月度会议的时间、地点及开会形式。

（2）月度会议召开

根据销售业绩数据分析结果，店长需要按照一定的流程召开月度会议，并按照绩效激励政策对员工进行激励，提高销售积极性。月度会议步骤如图 7-3 所示。

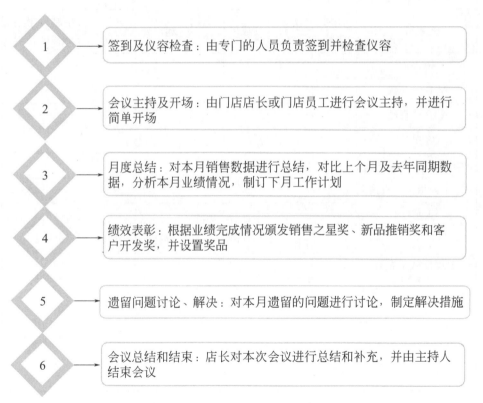

图 7-3　月度会议步骤

（3）填写会议记录

月度会议结束之后，按照会议流程与召开内容，填写会议记录表。

7.1.5　业绩分析会

业绩分析会通常是在一期活动结束之后，对这个活动期的业绩进行分析，计算完成率和递增比，分析不达标的原因，制定解决方案，为下一次活动提供可行性建议。

（1）门店业绩分析

召开业绩分析会之前，店长需要对整个门店业绩进行分析，包括总销售额、VIP开发数，VIP销售额、客单价和VIP激活客户销售额等，并总结业绩完成情况。门店业绩完成情况对照总结表如表7-5所示。

表7-5　门店业绩完成情况对照总结表

门店业绩完成情况对照总结表(2022年____月)								
一、定量目标总结(销售业绩完成情况)								
类别	计划指标	实际完成	完成率	上期销售	递增比	去年同期	去年递增比	下期计划
销售额								
VIP开发数								
VIP销售额								
客单价								
VIP激活客户销售额								
二、个人指标完成情况								
销售排名龙虎榜	名次	姓名	本期计划任务	实际完成	本期完成率	下期指标	挑战指标	
	1							
	2							
	3							
总结业绩完成情况								

（2）业绩分析会召开与会议纪要填写

根据销售业绩分析结果，店长需要按照一定的流程召开业绩分析会。业绩分析会的流程按照月度会议流程执行，并在会议结束后填写会议纪要表。

7.2

现场管理：营造良好购物环境

现场管理是指按照门店的经营目标，对门店经营现场的一切活动，进行计划、组织、指挥与激励的总称。门店现场管理可以从门店现场服务质量、现场物品安全、客户抱怨和投诉现场处理和员工现场服务激情提升等方面进行管理并制定提升措施。

7.2.1　现场服务质量的 5 个标准和质量提升的 5 个措施

店长需要制定门店服务质量标准，并开展服务质量的培训，要求门店员工严格执行，目的是提高公司的服务质量，规范服务程序，提升客户满意度。

（1）服务质量标准

建立门店服务标准是提升门店服务质量的第一步，具体服务质量标准如表 7-6 所示。

表 7-6　服务质量标准

序号	服务标准	具体说明
1	可靠	具备可靠的专业技能、商品知识
2	响应	及时响应客户需求，在提供服务的过程中满足客户的期望
3	形象	需具备良好的形象
4	礼貌	尊重客户，提供服务时友善、真诚和周到
5	跟踪	对服务的后继跟踪工作，确保服务质量令客户满意

（2）根据服务质量标准进行培训

① 岗前培训。岗前培训主要针对新入职的门店员工，其主要内容包括公司的规章制度、基本的岗位职责、服务技巧、门店服务质量标准和规范。

② 在职培训。在职培训主要针对门店销售人员在服务过程中暴露出来的问题进行培训，以及为了帮助门店销售人员更新专业知识而进行的培训等。

（3）改善已有服务质量

在已有质量服务上，发现问题并不断改进，才能促进服务质量不断提高。改善已有服务质量步骤如图 7-4 所示。

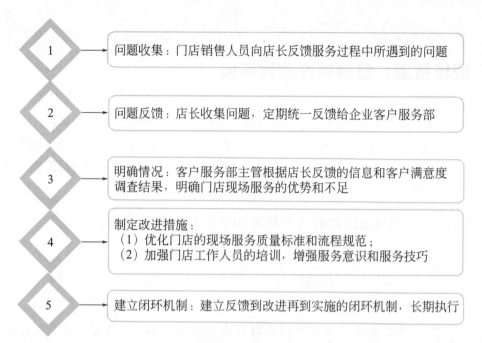

图 7-4　改善已有服务质量步骤

7.2.2　从 2 个方面保障店内物品安全

门店现场物品安全保障主要是在门店营业期内对店内物品的保护，主要包括商品防盗和商品防破损保护。店长需要设置相应的防盗防破损措施，保障商品安全，促进门店长期稳定地发展。保障店内物品安全从防盗和防损两方面进行。

（1）商品防盗

门店在经营过程中，需要注意门店内商品的防盗。商品防盗措施如表 7-7 所示。

表 7-7　商品防盗措施

序号	具体措施
1	开展安全防盗管理培训,增强员工的防盗意识
2	商品介绍时,紧跟客户,注意客户的一言一行
3	给门店商品加上防盗扣
4	在门店易发生盗窃案件的部位安装监控器,在出口处设置防盗报警器等安全防范设备
5	积极配合人事部做好员工的思想品德考察工作,以保证员工队伍的纯洁。如发现有不适合的人员,应按有关规定进行调换或辞退
6	加强日常巡查工作,如发现可疑的人和事要及时报告
7	对门店商品进行区域划分,由对应的门店销售人员负责商品安全

（2）商品防损

在门店客户服务过程中，除了要注意商品防盗，还需要注意商品防损。商品防损措施如表 7-8 所示。

表 7-8　商品防损措施

序号	具体措施
1	在门店内设有便衣防损员。便衣防损员必须时刻坚守岗位,发现可疑人员和可疑迹象要注意监视
2	禁止员工在上班时间内购物或预留商品
3	员工下班后所购物品不得携入店内或仓库,如已结账的商品,其购物袋处必须粘贴发票
4	随时整理店内商品,如发现 POP 或价格卡条码标示错误,及时上报,即时更正,以免造成不必要的损失
5	废弃的价格卡不得任意丢弃,防止被冒用

7.2.3　及时处理抱怨与投诉的 7 个步骤

（1）常见抱怨类型

① 门店服务不能满足客户需求，送货不及时、货物短缺或商品质量等问题引起客户不满。应对这类抱怨，要虚心接受，并将信息反馈给公司，通过改进商品和服务制度等提高服务质量。

② 习惯性抱怨。有的客户生意上遇到困难或碰到不顺心的事时便对门店销售人员抱怨一番，这种没有明确动机的抱怨只是一种发泄。应对这类抱怨不需做过多的解释，只需做一个聆听者。

③ 有的客户喜欢总结各个门店商品的优、劣势，根据其他门店商品的优势，结合本店商品的劣势把每个商品都说得一无是处，这种客户抱怨的目的就是给销售人员造成心理压力，增加谈判筹码，以便获取更多的优惠政策。应对这类抱怨，应该大声对客户说"不"。

（2）客户抱怨与投诉应对步骤

遇到客户抱怨的时候，要端正态度，正确对待客户的抱怨。客户抱怨与投诉应对步骤如图 7-5 所示。

7.2.4　从 2 个时间点点燃现场服务激情

在销售服务的过程中，员工有时会因为枯燥的生活节奏和沉重的业绩压力，

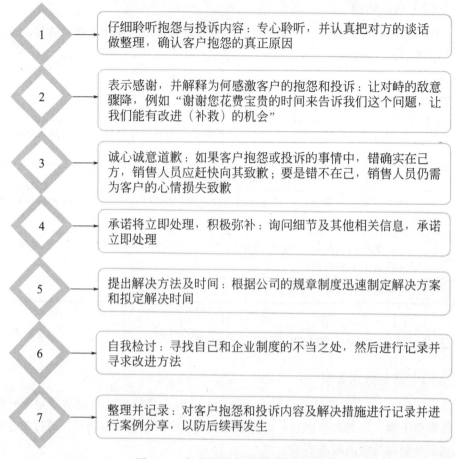

1	仔细聆听抱怨与投诉内容：专心聆听，并认真把对方的谈话做整理，确认客户抱怨的真正原因
2	表示感谢，并解释为何感激客户的抱怨和投诉：让对峙的敌意骤降，例如"谢谢您花费宝贵的时间来告诉我们这个问题，让我们能有改进（补救）的机会"
3	诚心诚意道歉：如果客户抱怨或投诉的事情中，错确实在己方，销售人员应赶快向其致歉；要是错不在己，销售人员仍需为客户的心情损失致歉
4	承诺将立即处理，积极弥补：询问细节及其他相关信息，承诺立即处理
5	提出解决方法及时间：根据公司的规章制度迅速制定解决方案和拟定解决时间
6	自我检讨：寻找自己和企业制度的不当之处，然后进行记录并寻求改进方法
7	整理并记录：对客户抱怨和投诉内容及解决措施进行记录并进行案例分享，以防后续再发生

图 7-5 客户抱怨与投诉应对步骤

没有在客户接待与服务工作中全心投入。店长可以采取一定的措施点燃员工现场服务激情，提升员工的服务态度，促进销售业绩的增长。点燃现场服务激情可从早会和其他时间点两个方面进行。

（1）早会

① 赞美和肯定。店长在日常生活中可以记录下店员的闪光点，在开早会时，首先要赞美员工做得好的地方，肯定员工的付出，员工也会在新的一天心情愉快，充满信心。

② 才艺展示。例会也是一个让员工展示自我的平台，店长在布置完当日工作任务之后，可以开展才艺展示环节，让员工每人轮流准备才艺，一方面活跃当下氛围；另一方面也可以增加员工凝聚力。

③ 喊出口号。在早会结束的最后时刻，可以让员工一起喊出当日目标，点燃当日工作激情。

（2）其他时间点

在营业期内其他时间点对员工进行现场服务激情点燃比在早会的时候更能促进商品销售。其他时间点点燃服务激情措施如表 7-9 所示。

表 7-9　其他时间点点燃服务激情措施

措施	具体说明
业绩排名	实时记录上午和下午业绩排名前三的店员，激励其他店员尽快上榜
物质奖励	分别对上午和下午两个时间段业绩排名前三的员工发放小礼品奖励，特殊营销活动期间请所有员工吃饭以示鼓励
小活动	客户少时带领员工做些小游戏或者进行比赛，例如演讲比赛或者演练比赛，来活跃卖场气氛
业绩激励	设置月奖、新品销售奖等，对门店销售人员进行激励
门店之间竞争	特殊活动期内，与其他门店进行销售业绩排名，实时数据展示，增强员工团队意识和好胜心，点燃服务激情

7.3

▶▶

业绩管理：如何超额完成业绩

门店销售业绩管理包括对销售计划制订与实施、经营数据汇总与分析、业绩评估与改善措施三个过程的管理。店长需要对销售业绩管理全流程进行把控和监督，带领门店员工完成销售业绩任务，促进门店的长期高速发展。

7.3.1　销售计划制订与实施

门店销售计划是门店根据历史销售记录和已有的销售合同，针对部门、人员的在某段时间范围内的销售指标（数量或金额），是采购计划、资金筹措计划以及相应的其他计划安排和实施的基础。

（1）收集历史销售数据并分析市场环境

① 对门店历年的销售数据进行收集，同时对市场环境进行分析。

② 市场环境包括外部环境和内部环境，外部环境分析主要包括经济环境分析、技术环境分析、市场环境分析和竞争环境分析等；内部环境分析主要包括门店经济实力状况分析、生产能力状况分析、门店的优势劣势分析等。

（2）明确销售目标

销售目标包括总的销售额目标、利润目标、新品销售目标等。

（3）拟定销售计划

根据销售目标，店长进行销售计划的拟定。销售计划内容如表 7-10 所示。

表 7-10　销售计划内容

销售计划概要	具体说明
商品计划	制作什么商品
渠道计划	商品通过什么渠道进行销售
成本费用计划	商品生产费用、商品市场开发费用以及其他费用
销售单位组织计划	有哪些部门参与商品销售计划
销售总额计划	商品销售目标
促销计划	为促进商品销售采取哪些促销计划

（4）实施并反馈销售计划

门店应根据销售计划认真执行，对每天商品的计划执行情况做出总结，分析各商品的销售量以及对计划的执行情况进行分析。

① 每周、每月每位销售人员要对店长就计划执行情况进行述职报告，分析差异原因，执行情况的好坏直接关系到自身的切身利益及有关门店的经营状况。

② 店长对整个门店的销售负责，并就每周、每月的执行情况对上级主管做出述职报告，分析新老客户的销售比例和计划的差异原因，执行情况的好坏直接关系到店面及自身的考核及评选。

7.3.2　经营数据汇总与分析

门店经营数据分析在门店运营中是一个非常重要的板块，它是研究市场营销规律，制定门店订货、补货、营销活动的基本依据。店长通过对经营数据的分析，根据要求形成日报、周报和月报以及季度报或者半年报。

（1）月度运营情况分析

店长从销售指标、毛利指标、可控费用、商品耗损和综合管理几方面对月度运营情况进行分析，形成报表。月度运营情况分析如表 7-11 所示。

表 7-11　月度运营情况分析

项目		本月数	累计数	分析原因
销售指标	商品销售计划			
	商品销售收入			
	商品销售完成率			
	上年同期销售收入			
	与上年同期相比,增长率			
毛利指标	销售毛利润			
	商品销售收入			
	销售毛利率			
	上年同期销售毛利额			
	与上年同期相比,增长率			
可控费用	员工工资			
	水电及租金			
	广告推广费			
	其他费用			
	费用合计			
	费用率			
	上年同期费用			
	与上年同期相比,增长率			
商品耗损	商品报损			
	盘点短少			
	盘点耗损率			
库存管理	平均商品库存			
	库存周转次数			
	接待客户数			
综合管理	平均客单价			
	核定备用金			
	月末销售往来			

（2）分类销售占比分析

店长对各商品销售情况进行分析，形成报表。分类销售占比分析如表 7-12 所示。

表 7-12　分类销售占比分析

分类编码	分类名称	本月情况			去年同期			销售增减	毛利增减
		销售额	销售占比	销售毛利	销售额	销售占比	销售毛利		
001									
002									
003									

（3）库存占比分析

店长对各商品库存情况进行分析，形成报表。库存占比分析如表 7-13 所示。

表 7-13　库存占比分析

分类编码	分类名称	库存金额	品种数	断货比率	负库存比率	滞销比率	退货比率	周转率	动销率
001									
002									
003									

7.3.3　业绩评估与改善措施

业绩评估，是指通过建立业绩综合评价指标体系，对照相应的业绩评估标准，运用数理统计和运筹学的方法等对门店和员工各方面进行综合评判的分析过程，包括门店业绩评估和员工业绩评估。

（1）门店业绩评估

① 管理业绩定性评估。管理业绩定性评估主要是对门店一定期间的经营管理水平进行定性分析和综合评价，但管理业绩评估是在门店财务业绩定量评价的基础上进行的。

② 财务业绩定量评估。财务业绩定量评估是指对门店在一定期间的盈利能力、资产质量、负债和经营增长四个方面进行定量对比分析和评判。

（2）员工业绩评估

员工业绩考核主要从个人总销售额、VIP 开发数、VIP 销售率和特价商品销售额等方面进行考核。员工业绩考核表如表 7-14 所示。

表 7-14　员工业绩考核表

姓名：		工号：		职位：		
项目	考核内容	考核目标	自我评价	店长评价	指导与改进
业绩完成情况	总销售额		□超越目标 □达到目标 □低于目标	□超越目标 □达到目标 □低于目标	
	VIP 开发数		□超越目标 □达到目标 □低于目标	□超越目标 □达到目标 □低于目标	
	VIP 销售率		□超越目标 □达到目标 □低于目标	□超越目标 □达到目标 □低于目标	
	特价商品 销售额		□超越目标 □达到目标 □低于目标	□超越目标 □达到目标 □低于目标	

（3）业绩提升措施

要提升门店业绩和员工个人业绩，可从如下几个方面开展。

① 技能培训。定期对员工进行商品知识、销售技能的培训，提升门店员工销售业绩。

② 优秀员工帮带。由店长或者其他有经验的店员对新员工和业绩靠后的员工进行帮带，帮助他们快速成长。

③ 提升服务质量。提高员工服务质量，能提升客户满意度，最终提升员工销售业绩。

7.4

▶▶

利润管理：利润决定门店存亡

门店的营业利润，直接反映着门店的经营状况，也影响着门店后续的发展。店长需要定期统计门店的销售业绩和费用支出，计算营业利润，对比其他门店或者上期数据，调整营销策略，提升利润。

7.4.1　门店经营费用分析

门店在经营过程中会涉及各项经营指标数据如费用支出、销售额、利润等，店长需要对这些数据进行统计,高效的费用分析有利于门店对各方面收支的严格把控,调整下一阶段门店经营策略。

(1)常见数据指标

① 营运各项费用。包括员工工资、房租、物料及办公用品费用、维修费用、宣传费用、电话费、交通费、卫生费、税收、工商费等。

② 销售额。统计门店总的销售额与每位销售人员的销售额。

③ 毛利。毛利=不含税售价-不含税进价,毛利率=(不含税售价-不含税进价)/不含税售价×100%。

④ 利润。总利润=总收入-总费用。

(2)数据同比分析

将门店的各项数据指标与上一年度同期进行比较,计算差值,对差值原因进行分析,营运费用中哪一项如果超支严重,需要根据实际情况进行调整。其他各项指标如销售额、利润要根据商品性质、市场环境变化进行分析,对销售数据差的员工及商品进行相应的调整。

(3)数据环比分析

将门店的各项数据指标与上一统计段比较,即与上一个月做比较,计算差值,对差值原因进行分析。环比数据会受到不同时间段的气候、市场需求变化的影响。结合客观因素对比各项数据指标,如果销售额中所有销售人员数据普遍偏低或者偏高,则需要再对各个销售人员进行比较,对数据值尾部成员进行培训或者优化。

(4)数据与计划额做比较

将门店的各项数据指标与计划额做比较,尤其是销售额和费用支出。将门店总的销售额与每位销售人员的销售额分别与设定的计划额做比较,计算差值,对差值原因进行分析,与差额较大的员工进行及时沟通。费用支出方面查看哪项费用与计划差值较大,寻找原因并尝试调整。

7.4.2 3个方面管理门店资产

门店资产主要分为门店固定资产(门店货架、收银设备、柜台等)和无形资产(专利、商标、专有技术管理、企业域名等)。本书主要侧重对固定资产的管理。

(1)建立完善的资产管理制度

对门店资产进行管理,要建立健全资产的保管、使用、核算制度,制定资产管理各项规章制度。资产管理制度的构成如表7-15所示。

表 7-15　资产管理制度的构成

序号	构成	具体内容
1	申购	按照门店总部批准的预算执行,填写固定资产申购单,预算在＿＿＿元以内,由店长批准,预算在＿＿＿元以上的,由门店总部分管领导批准
2	使用	使用中固定资产如出现故障或损坏,需要维修的,应报店长批准,并填写固定资产请修单,重大维修事项,报门店总部分管领导批准
3	调拨	固定资产的调拨须由相关人员填制固定资产领用单,交给经办部门审批。调拨双方及经办人盖章签字后,第一联移交财务部,第二联留存经办部门
4	盘点	店长须组织门店定期对固定资产进行盘点,若发现固定资产有毁损、盘盈、盘亏情况,要查明原因,由责任人员填写书面情况,主管部门签署意见后,报知店长
5	报废	填写固定资产报废记录单,资产价值在＿＿＿元以内,由店长批准,资产价值在＿＿＿元以上的,由门店总部分管领导批准

（2）加大固定资产监管力度

实行"统一领导、归口管理、分级负责、责任到人"的管理和监督体制,对固定资产申购、使用、调拨、盘点和报废的申请单据及时进行监管,严格执行领导审批、经手人签字和申领人签字的流程。

（3）建立固定资产管理系统

建立固定资产管理系统,对资产申购、修理、盘点、调拨和报废的全流程进行覆盖,使得资产管理标准化、规范化,加强对资产的监督。

（4）强化固定资产管理意识

通过开设思想观念和综合素质课程,加强员工固定资产管理意识,实现固定资产的有效利用。

7.4.3　4个方法提升门店利润

如何提升门店利润是店长最关心的问题,这关系到门店的长期发展。门店利润提升可通过加大宣传力度、加强促销活动、提升团队能力和降低经营成本等方式来进行。

（1）加大宣传力度

除传统的地铁广告宣传、公交车广告宣传以外,还应借助线上营销推广方式,例如抖音广告宣传、微信广告宣传、小红书软文推广、知乎推广等。在宣传内容上,根据受众人群,商品特点进行合理设计。

（2）设置促销活动

门店提升利润最常用的方式就是设置促销活动,通过一系列促销活动的设置,吸引客户购买商品,达到提升利润的目的。常见促销方式如表7-16所示。

表 7-16　常见促销方式

序号	促销方式	具体说明
1	降价促销	通过库存清仓、节日优惠、每日特价等方式进行降价促销
2	折扣促销	节庆日、换季时节等打折以低于商品正常价格的售价出售商品
3	组合促销	将两件或两件以上商品搭配起来并设置一定优惠进行捆绑销售
4	网店促销	开设网店,在网店内设置相应的活动进行促销
5	线上社群促销	建立线上社群,在社群内对商品设置折扣进行促销

（3）提升团队能力

① 技能培训。定期对员工进行商品知识、销售技能的培训,提升门店员工销售能力。

② 优秀员工帮带。由店长或者其他有经验的店员对新员工和业绩靠后的员工进行帮带,帮助他们快速成长。

③ 组织定期的思想沟通会,发现并及时解决问题,比如每周的座谈会,或者每月会餐。

④ 设置奖惩措施。每月评销售之星并设置一定的月度奖励,对销售靠后的员工设置一定的绩效惩罚措施。

（4）降低经营成本

对门店经营费用进行分析,减少不必要支出。

① 分析各个广告投入费用与对应的引流效果,对于引流效果不明显的渠道,减少广告投入费用。

② 门店内空调、灯不用时及时关闭,降低费用投入。

7.5

门店安全和卫生管理：忽视安全将导致一切归零

日常经营中,店长除了带领团队完成销售业绩,还需要对门店进行安全和卫生管理。门店安全包括门店物品安全和环境安全。店长需要制定相应的防范措施,让店员严格执行并监督。

7.5.1　物品安全防范措施

店长需组织相关部门编制门店物品安全管理各项要求,包括门店商品安全防范措施、门禁安全防范措施、现金安全防范措施等，还需要将具体的商品安全管理工作落实到具体的个人，建立相应的责任负责制。

（1）门店物品安全管理各项要求

门店安全管理主要从商品质量安全、商品防盗安全、现金安全三方面做出防范要求。

① 商品质量安全防范。严禁摆放超过保质期限的商品；严禁摆放质量恶化的商品；严禁摆放"三无"商品；严禁摆放破损、生锈、渗漏商品。

② 商品防盗安全防范。为确保门店商品安全，应设置安全防盗措施。商品防盗安全防范措施如表 7-17 所示。

表 7-17　商品防盗安全防范措施

序号	具体安全措施
1	店内服务区域划分应避免有死角
2	店内安装监控，全面无死角覆盖
3	合理调配人员分布，要求店员相互留意空挡进行补位，建立区域责任负责制
4	库房门窗上锁，严禁闲杂人等出入
5	交接班时，做好库存货品清点并记录
6	检查门锁安全状况

③ 现金安全防范措施。为确保门店现金安全，应设置现金安全防范措施。现金安全防范措施如表 7-18 所示。

表 7-18　现金安全防范措施

序号	具体安全措施
1	营业期间，由专人收银并看管收银台，离开收银台时确保抽屉上锁
2	严禁现金存放在收银台过夜
3	交接班时，核对单据和现金
4	现金必须要过验钞机
5	特殊情况例如停电，收银员应立即锁上收银柜，再进行客户疏散

（2）门店物品安全检查

店长在日常管理中，需要对各项物品安全执行情况进行监督和检查，按照月度考核要求进行相应的奖惩。同时在检查中发现安全隐患时，要及时制定整改方案并监督实施，确保门店物品安全管理机制持续优化。

7.5.2　环境安全防范措施

门店在经营过程中，需要编制门店环境安全管理各项要求，具体包括消防安全防范措施和商品陈列环境的安全防范措施等，并开展一系列培训，建立严格的监督体制，消除各种安全隐患，提供一个安全的购物环境。

（1）门店物品环境管理各项要求

① 消防安全防范措施。为确保门店环境安全，应设置一系列消防安全防范措施。消防安全防范措施如表 7-19 所示。

表 7-19　消防安全防范措施

序号	具体安全措施
1	置备消防器材，定期进行消防知识培训及消防演练
2	定期检修店内电源路线、用电设备
3	严禁员工、客户在门店内吸烟，使用明火及取暖设备
4	店内禁止存放易燃易爆品
5	下班前关闭除监控设备外的所有电源设备

② 商品陈列环境的安全防范措施。为确保门店环境安全，应设置一系列商品陈列环境的安全防范措施。商品陈列环境的安全防范措施如表 7-20 所示。

表 7-20　商品陈列环境的安全防范措施

序号	具体安全措施
1	体积较大、较重的商品陈列在货架的下方
2	商品陈列不得超出货架，以防客户及店员碰撞
3	货架层板安装平稳、固定且层板摆放的商品不得超重
4	门店玻璃上挂提示牌"小心玻璃"
5	货架边保持干爽、清洁、无水渍和无障碍物
6	检查库房是否有受潮和虫害
7	门店装修使用安全材料

（2）门店环境安全检查

店长在日常管理中，需要对各项环境安全执行情况进行监督和检查，按照月度考核要求进行相应的奖惩。同时在检查中发现安全隐患时，要及时制定整改方案并监督实施，确保门店环境安全管理机制持续优化。

7.5.3　门店卫生检查

正式营业前，必须确保所在区域的柜台、商品、相关设备等已经进行清洁、整理。门店卫生管理包括地面、照明设备、前台、商品展示区、客户休息区、文化宣传展示区和绿植花卉的卫生管理。店长需要制定门店卫生管理要求，员工按照要求进行清洁维护并填写门店卫生检查表。门店卫生检查表如表 7-21 所示。

表 7-21　门店卫生检查表

序号	项目	检查内容细则	星期一	星期二	星期三	星期四	星期五	星期六	星期日	备注
1	地面	干净、无落灰、无死角、无杂物								
2	照明设备	各光源正常工作								
		各灯具干净、无落灰								
3	前台	台面干净、无污染								
		名片盒、读卡器放在相应位置且无污渍								
		电脑、打印机、验钞机无污渍								
		抽屉及时清理								
		背景墙面广告字体干净、无落灰								
		饮水机及时清洗								
		垃圾桶定时清理保持无水渍、无灰尘								
4	商品展示区	商品整洁、无落灰								
		装饰镜无手印及水渍，干净、光洁								
		玻璃饰品（如杯子）无落灰、无手印及水渍								
		展示柜体保持清洁、无落灰								
		展示柜体底部干净、无脚印								
5	客户休息区	布艺沙发套无污渍，定期清洗								
		茶几台面无污渍，图册摆放整齐								

序号	项目	检查内容细则	星期一	星期二	星期三	星期四	星期五	星期六	星期日	备注
6	文化、宣传展示区	文化墙装饰画无落灰、无损坏								
		商品宣传活页摆放整齐,无落灰								
		展示架整洁无落灰								
		荣誉牌摆放整齐,无落灰								
7	装饰花卉	绿植和其他装饰花卉无枯叶、无落灰								
门店:		检查员:				日期:	年	月	日	

7.6 ▶▶

品牌管理:维护门店"活招牌"

品牌是消费者对商品的主观印象,是品牌属性、名称、包装、信誉的无形总称。品牌管理的目的,是为了合理利用公司资源,进行有效准确的公司宣传,统一公司形象,积累品牌价值,促进门店长期稳定的发展。

7.6.1 门店品牌的 5 大定位和 5 个运营策略

品牌定位是门店在一定市场细分定位和商品定位的基础上,建立与目标市场相关联的品牌形象的过程。率先定位好品牌,并按照品牌定位进行一系列的运营策略,有助于门店长期稳定地发展。

(1)门店品牌定位步骤

在进行品牌定位管理时,需要经历调查细分、选择竞争优势、分析品牌定位、确定品牌定位和传达品牌定位 5 个阶段。门店品牌定位步骤如图 7-6 所示。

(2)门店品牌运营策略

市场竞争日益激烈,门店要想扩大市场占有率,就需要采取不同的品牌运营策略,提高自己的品牌在用户心中的认知度和好感。门店品牌运营策略如表 7-22 所示。

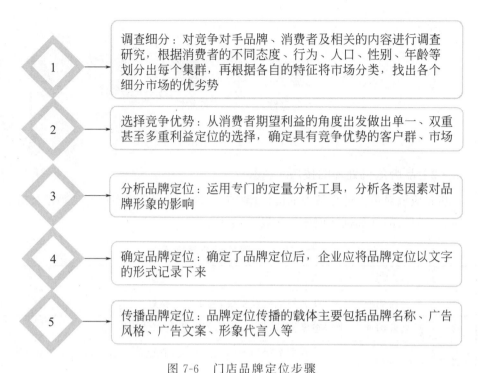

| | | 调查细分：对竞争对手品牌、消费者及相关的内容进行调查研究，根据消费者的不同态度、行为、人口、性别、年龄等划分出每个集群，再根据各自的特征将市场分类，找出各个细分市场的优劣势 |

图 7-6 门店品牌定位步骤

表 7-22 门店品牌运营策略

序号	运营策略	具体说明
1	品牌故事	把品牌用故事的形式讲出来,加深客户对品牌的理解
2	品牌广告	线上广告:各媒体平台进行广告投放; 线下广告:例如地铁广告、公交车广告、线下活动等
3	口碑营销	客户感受到门店优质的商品,通过口碑的形式传递给其他人
4	公益事件	举办公益活动,加强市场人群对品牌的认知
5	品牌活动	举办品牌发布会,介绍品牌特点

7.6.2 门店品牌危机解决的 7 个技巧

品牌危机，是指由于组织内、外部突发原因造成的、始料不及地对品牌形象的损害和品牌价值的降低，以及由此导致品牌关系恶化，组织陷入困难和危险的状态，是门店危机中最严重的危机。

（1）品牌危机处理的原则

品牌危机处理应遵循如图 7-7 所示的原则。

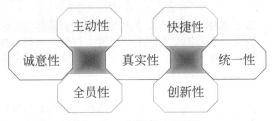

图 7-7　危机处理原则

（2）品牌危机处理的技巧

店长应该对员工进行品牌危机处理技巧培训，以便员工在面对品牌危机时能够从容应对。品牌危机处理技巧如表 7-23 所示。

表 7-23　品牌危机处理技巧

序号	技巧	具体说明
1	迅速响应	在品牌危机发生后,越早发声越好
2	真诚沟通	态度真诚,坦诚沟通,不要受负面情绪影响
3	多渠道互动	采取多个渠道及时沟通解决,避免负面信息扩散对门店形象造成影响
4	负面清除	利用法律武器、网络净化手段对品牌不实言论进行清除
5	正面信息发布	通过正面信息传递,冲击负面信息的影响
6	品牌重塑	通过社会公益活动以及其他活动,重新建立品牌形象
7	建立保护机制	建立品牌危机处理团队和保护机制,保护门店权益

第 **8** 章

门店团队建设

8.1

组建团队：从选人开始

在门店团队建设中，组建一支是否高效的团队直接影响到门店的销售业绩。所以，人力资源部和店长需要对门店员工招聘和培训进行全流程的把控，宁缺毋滥，促进门店长期稳定的发展。

8.1.1 门店员工构成及要求

门店员工通常由销售人员、收银员、理货员、防损员、客服专员等构成。店长在对门店员工进行组建的时候，需要按照合适的员工配置方法，对各个岗位设置相应的任职要求和岗位职责，最大程度实现"人尽其用"。

（1）门店员工配置方法

① 根据门店经营情况定岗。通常情况下，店长可以根据门店经营商品类型、性质以及门店店铺面积来确定岗位人数，避免盲目招聘，造成人力资源的浪费。以零售超市的人员配置为例，$120\sim400m^2$ 门店，最好每 $100m^2$ 配置一名员工；$400\sim2500m^2$ 的门店，每 $36m^2$ 配置一名员工；$2500m^2$ 以上的门店，每 $28m^2$ 配置一名员工。

② 根据工作量来推算岗位需求。按照工作量推算岗位需求的方法，店长需要熟悉每一个工作岗位的职责和工作量，对于销售人员的岗位设置，可以按照门店客流量和销售人员可接待客户数进行设置岗位需求；对于理货员的岗位设置，需要按照理货员每日可以理货数量和门店总商品数量来确定。

③ 根据销售指标来确定岗位。根据销售指标进行岗位数量确定，这个方法适合于销售人员岗位需求设置。根据企业下达的销售目标，把销售目标进行拆分，给每个销售人员最低销售额要求，确定岗位需求数量。

（2）门店员工岗位要求

门店对员工的学历、经验、专业知识掌握都有一定要求，只有严格把控，人尽其才，才能促进门店更加平稳地发展。常见门店员工岗位要求如表8-1所示。

8.1.2 门店员工招聘的 5 个步骤

门店常用招聘渠道有网络招聘、媒体招聘、现场招聘、推荐招聘、猎头招聘、劳动机构招聘和门店内部竞聘。在疫情背景下，网络招聘的形式是目前招聘最主要的形式，常用的网络招聘有门店官方网站招聘和借助第三方招聘平台例如BOSS直聘、智联招聘、前程无忧等平台。门店招聘步骤如图8-1所示。

表 8-1 常见门店员工岗位要求

序号	职位	任职要求	岗位职责
1	销售专员	① 学历、专业知识：中专及以上，具备市场营销、企业管理等相关专业知识 ② 工作经验：一年销售工作经验 ③ 业务了解范围：了解国内本行业有关政策、法规及市场销售动态，掌握销售技巧及方法	① 运用销售技巧和方法，按时完成销售任务 ② 建立客户档案，填写相关销售表单 ③ 参与客户的回访、接待等关系维护工作，对于重要客户要保持经常的联系 ④ 定期向客户了解产品的使用情况、对价格的反馈情况等 ⑤ 协调、处理相关客户及业务之间的关系，协助处理客户投诉
2	收银员	① 学历、专业知识：中专及以上，具备收银相关知识 ② 工作经验：一年收银工作经验	① 负责具体的收银工作，确保收银准确，努力提高收银速度和服务质量 ② 负责各种收银票据和文件的收集、保管和传递 ③ 准确领取备用金，及时上交销售款，并做出差异报告 ④ 负责相关收银机、验钞机、打印机等收银设备的维护和保养 ⑤ 负责收银区域的清洁工作
3	防损员	① 学历、专业知识：中专及以上，具备防损相关知识 ② 工作经验：一年防损工作经验	① 防止和处理内部盗窃和外部盗窃，维护商场超市利益 ② 制止不良行为和违反商场超市规定的行为，预防和减少损耗 ③ 准确了解各种最新信息和指令，正确有效安排工作并落实 ④ 确保前区收银及营运岗位商品、货款的运转安全
4	理货员	① 学历、专业知识：中专及以上，具备理货相关知识 ② 工作经验：一年理货工作经验	① 及时清理端架、堆头和货架并补充货源 ② 及时收回零星物品和处理破包装商品 ③ 搞好销售区域的卫生(包括货架、商品) ④ 对商品按编码进行标价和价格标签管理 ⑤ 负责检查商品的保质期和商品包装情况 ⑥ 对商品进行分类，并按商品陈列方法和原则进行商品陈列

序号	职位	任职要求	岗位职责
5	市场调研员	① 学历、专业知识：中专及以上，具备市场调研相关知识 ② 工作经验：2 年以上市场调研工作经验	① 调查本企业产品在市场上的销售状况、市场消费者信任程度 ② 对潜在客户开展调查工作，包括对特定地区消费者的特定要求、偏好、经济实力、消费心理进行调查 ③ 汇总、分析竞争品牌的广告资料、产品样品、价格动态、经销商政策、消费者分析以及本行业发展动态等信息，提交分析报告，为市场策划、促销工作提供参考
6	IT 专员	① 学历、专业知识：中专及以上，通信、计算机等相关专业 ② 工作经验：2 年以上 IT 工作经验	① 店内信息系统搭建和维护 ② 店内电脑系统的管理、使用、维护和故障排除工作，保证系统夜间正常运行 ③ 组织并负责库存更正、系统订单、临时变价、价签打印制作等工作按时完成 ④ 协助店内商品盘点工作的计划、安排、组织、实施和总结
7	收货专员	① 学历、专业知识：中专及以上，具备收货相关知识 ② 工作经验：1 年以上收货工作经验	① 负责保障所收的货物及时运送到指定位置 ② 负责收货工作，严格按收货流程执行验收工作 ③ 负责保管所有的收退货资料及单据 ④ 协助进行年度盘点
8	客服专员	① 学历、专业知识：中专及以上，具备客户服务相关知识 ② 工作经验：1 年以上客服工作经验	① 参与制定客户服务各项制度和工作流程，规范客户服务各项工作 ② 处理线上线下客户退换货工作和投诉工作 ③ 解答线上线下客户的疑虑
9	宣传人员	① 学历、专业知识：中专及以上，具备宣传相关知识 ② 工作经验：1 年以上地推、宣传工作经验	① 对门店商品进行宣传，例如 POP 宣传，派单派卡 ② 线上广告宣传

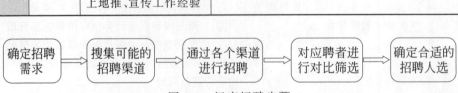

图 8-1　门店招聘步骤

（1）确定招聘需求

招聘需求确定是选择招聘渠道的前提。确定招聘需求具体工作如表 8-2 所示。

表 8-2　确定招聘需求具体工作

序号	具体工作
1	确定空缺岗位需要招聘的人数
2	进行工作分析,确定岗位任职资格
3	了解所需人员的供给特点
4	明确门店自身在招聘方面的优劣势
5	确定招聘相关内容,包括招聘费用预算、需要人员到岗时间等

（2）搜集可能的招聘渠道

招聘渠道就是获得候选人的途径。随着人员专业化分工的发展,招聘渠道面向的人员类别各有特色,例如校园招聘主要面对应届毕业生、猎头招聘主要面向高级管理人才和专业技术人员。因此门店招聘人员应搜集尽可能多的招聘渠道,以供选择。

（3）通过各个渠道进行招聘

在确定可能的招聘渠道之后,人力资源部需要通过各种途径进行招聘,例如到学校开宣讲会进行校园招聘,利用招聘软件如 BOSS 直聘、智联招聘、前程无忧进行招聘,或者将招聘工作外包给专业的招聘团队。

（4）对应聘者进行对比筛选

在收到应聘者的简历之后,人力资源部首先要对简历和招聘要求进行对比,筛选出符合要求的应聘者,再进行面试、笔试,对应聘者各方面进行考察。

（5）确定合适的招聘渠道人选

利用以上对比筛选结果,根据门店招聘需求实际,确定最佳的招聘人选,发放录取通知并签订劳动合同。

8.1.3　门店员工培训的 5 个内容与 5 个方法

新员工通过招聘进入到门店后,需要参加一系列培训,培训达标后才能进入到工作岗位进行工作。店长要根据门店销售工作的需要,制定相关培训内容,并按照合适的方法对员工开展培训。

（1）员工培训内容

店长要根据门店商品销售特点、商品受众人群和公司文化,制定相关培训内容。员工培训内容如表 8-3 所示。

表 8-3　员工培训内容

序号	培训内容	具体说明	课程
1	服务技能培训	掌握客户接待技巧和商品介绍技巧	服务技能培训
2	商品知识与管理技巧	熟练掌握商品专业知识,商品陈列、搭配技巧	商品介绍
3	店务作业技能培训	掌握收银、库存盘点、商品入库出库等技能	店务规定
4	思想观念培训	掌握门店文化、客户服务理念	思想道德基础与法律修养
5	综合素质培训	掌握门店员工必备工作素质	道德素质

（2）员工培训方法

① 课堂培训。讲师在课堂上通过材料演示，将知识传递给员工，这种方法属于传统的单向传输的教学方法，员工可以接收到很多知识但是掌握程度不是很高，适合开展思想观念的培训。

② 在线学习。培训部可以提前制定一系列在线学习视频、试题，让员工在相应阶段完成，这种方法的优点是灵活，同时相比传统课堂培训，它能够重复播放多次，节省了讲师对不同批次的员工重复培训的成本。

③ 实践培训。实践培训可以直接在工作中进行，由店长或者其他有经验的店员进行帮带，在门店日常工作中就可以完成，这种方法适合进行店务作业技能培训，例如商品陈列技巧的帮带。

④ 小组讨论和活动。员工在讲师的主持下，坐在一起讨论、提议、解决问题，这种方式可以让每一位员工都参与其中，发挥自己独特的见解。

⑤ 案例研究。在门店经营过程中，一些优秀的销售案例或者一些需要引以为戒的错误都可以形成案例，让其他员工学习。

8.2
员工管理

现如今门店之间的竞争十分激烈，其中员工管理在门店的竞争中举足轻重，对门店员工进行管理，有利于形成良好的门店文化，有助于门店良性循环发展。

8.2.1 员工管理制度

将员工置于各种规章制度之下进行人性化管理,通过员工管理达到门店管理目标。以下是门店员工管理制度,供参考。

制度名称	门店员工管理制度		受控状态	
			编　号	
执行部门		监督部门	编修部门	

第1章　总则

第1条　目的。

为了对门店员工起到指导作用,规范员工的行为,保证各项工作的顺利完成,特制定本制度。

第2条　适用范围。

本制度适用于所有全职和兼职员工的日常工作管理。

第3条　制度制定原则。

1.遵循国家的法律法规:员工手册的编写应以不违反国家的法律法规和行政条例为最高准则。

2.权责平等:应充分体现门店与员工之间的平等关系和权利义务的对等。

3.讲求实际:要有实际的内容,体现门店的个性特点。

4.与时俱进:应该顺应社会发展,不断改进、不断完善。

5.公平、公正、公开:员工是门店的一员,门店的发展离不开全员参与,所以要广泛征求大家的意见,对好的意见和建议要积极采纳。

第2章　考勤制度

第4条　考勤登记。

1.门店员工上下班必须进行考勤登记,员工每天上下班的考勤通过考勤机进行登记。人力资源部对其进行管理。

2.考勤统计以自然月为周期,是核发薪酬及各类补贴的依据。

3.根据门店经营时间合理确定排班制度。

第5条　迟到早退旷工处理。

1.员工超过指定上班时间××分钟以上,××分钟以内到岗的视为迟到,当月迟到累计超过两次的,超过次数每次罚款××元。

2.员工未达指定下班时间离岗在××分钟以内的视为早退,早退每次罚款××元。

3.当月迟到、早退合并累计超过×次的给予通报批评,并罚款××元。

第6条　各类假期规定。

1.事假,员工有事必须在工作时间亲自办理,应事先填写员工请假表,请假×天以内者经人力资源部批准并休假,×天以上者,由店长审批,未经审批同意而自行休假者,按旷工处理。

2.病假,因病或非因公受伤,凭门店指定的医院病休证明,予以休病假。伪造病假证明或打架斗殴及其他不法行为致伤者,均不能按病假处理。

3. 其他假期根据国家相关规定执行。

第 7 条　加班。

原则上一般不加班,但是因促销活动或者特殊节假日,顾客多的情况下,需要加班的,填写加班申请表,其加班费发放的标准按国家相关的规定计发。

第 8 条　打卡管理工作规定。

1. 所有员工必须严格遵守门店考勤制度,上下班亲自打卡,一天打卡两次。任何人不得代他人或由他人代打卡,否则打卡者与持卡者每次各扣罚工资××元。

2. 如因特殊原因如出差、出外勤等情况没打考勤,必须在特殊情况发生后×个工作日内办理补登考勤审批手续,如在当月考勤统计结束前未办理补登考勤手续,将作为缺勤处理。

3. 员工因公出差,须事先填写出差登记表,出差人员应于出差前先办理出差登记手续并交至人力资源部备案;特殊情况须店长审批。

第 3 章　卫生管理制度

第 9 条　卫生原则。

1. 门店内任何区域都禁止吸烟,如果发现他人吸烟,及时进行制止。

2. 门店建立卫生责任制,划分部门乃至个人包干的卫生清洁区。

3. 门店设置值日制度,卫生值日落实到个人。

4. 卫生管理实行经常性、突击性、专业性、门店与个人卫生相结合检查的原则。

第 10 条　门店卫生。

1. 工作场所内均须保持整洁,不得堆积足以发生异味或有碍卫生之垃圾、污垢或碎屑。

2. 工作场所内的走道及阶梯,门店门口须每日清扫一次,并须采用适当方法减少灰尘的飞扬。

3. 各工作场所内严禁随地吐痰,厂区内严禁吸烟。

4. 洗手间、更衣室及其他的卫生设施,必须保持清洁。

5. 门店橱窗必须每日上班之前进行擦拭干净,保持明亮清洁。

6. 门店内定期进行消杀管理。

第 11 条　员工个人卫生。

1. 不能随地吐痰,不在工作场所内吸烟。

2. 上班期间必须穿戴统一发放的工作服,并且应保持干净,避免油渍、褶皱。

3. 门店员工积极完成包干区域的清洁卫生工作。

4. 门店员工注意仪容仪表,注意个人卫生,具体参见员工仪容仪表规范。

第 12 条　卫生检查。

1. 对门店的卫生进行定期和不定期检查,实行全面检查与抽检相结合,根据具体的检查日期、标准,各区域负责人组织检查。

2. 卫生管理人员负责各项卫生管理制度的落实,每天在作业后检查一次卫生,检查各岗是否有违反制度的情况,发现问题,及时指导改进,并做好卫生检查记录。

3. 各区域卫生管理人员每周进行×次全面现场检查,对发现的为题及时反馈,并提出限期改进意见,做好检查记录。

第 13 条　卫生评比。

每天由值班人员将卫生检查情况、及时记录,作为卫生评比的依据。

<h2>第4章　员工的权利</h2>

根据《中华人民共和国劳动法》,门店员工享有以下权利。

第14条　门店员工有平等就业的权利。门店平等地对待每位员工。

第15条　门店员工有获得劳动报酬的权利。门店员工付出劳动,依照合同及国家有关法律规定按时取得报酬。

第16条　员工有接受职业技能培训的权利。

第17条　员工有权获得劳动安全卫生保护的权利。保证门店员工在劳动中生命安全和身体健康。

第18条　员工有休息的权利。

第19条　门店员工有社会保险和福利的权利。

<h2>第5章　员工的义务</h2>

第20条　遵守公司安全规章制度,正确使用劳动防护用具的义务。

第21条　参加安全培训的义务。

第22条　发现安全隐患因素的,有报告相关负责人的义务。

第23条　保守商业机密,保护公司信息安全的义务。

第24条　贯彻节能减排,绿色环保原则。

<h2>第6章　特殊员工权益</h2>

第25条　女性员工的权益。

1.公司在招聘、培训提升、薪酬福利等各方面不得违反男女平等原则,不得有性别歧视现象。

2.门店不能安排女员工从事法律规定的不适合女性从事的工作;对于适合女工从事的工作,不得拒绝招收女性员工。

3.公司应遵守和维护女性员工在孕期、产期、哺乳期的法定权益,保证孕妇的休息时间,不得安排孕妇从事过多的体力劳动。

第26条　残疾工的权益。

1.门店不可以歧视残疾工,在招聘录用、培训发展、薪资福利、劳动保护、社会保险等方面应公平对待。

2.不得安排残疾工从事能力之外的工作,对于其力所能及的工作,不得拒绝招收残疾工。

3.门店应该依据残疾工的实际情况安排其从事适合的工作,重点保护其劳动安全。

4.门店应时常对残疾工进行心理沟通,及时发现其工作及心理障碍,并寻找正确的方法进行解决。

第27条　兼职工的权益与正式员工享受的权益一致。

<h2>第7章　奖惩制度</h2>

第28条　奖励类别。

奖惩分行政、经济两类。其中行政奖励包括表扬、记功、晋升;经济奖励包括加薪、奖金、奖品、有薪假期等。行政处罚包括警告、记过、除名;经济处罚包括降薪、罚款、扣发奖金等。

第29条　奖励条件。

1.全勤奖。全年无缺勤,积极做好本职工作者。

2.表彰。

(1)门店经营管理提出合理化改进建议,经采纳实施卓有成效者。

(2)有其他功绩,足为其他员工的模范。

第30条 惩罚措施

员工有下列行为之一,经批评教育不改的,视情节轻重,分别给予扣除一定时期的奖金、扣除部分工资、警告、记过、降级、辞退、开除等处分。

第8章 附则

第31条 编制单位。

本制度由客户服务部负责编制、解释与修订。

第32条 生效时间。

本制度自××××年××月××日起生效。

编制日期		审核日期		批准日期	
修改标记		修改处数		修改日期	

8.2.2 店员绩效管理制度

绩效管理制度是为了实现科学、公正、务实的绩效管理的规范,使之成为有效地提高员工积极性和公司生产效率的手段。以下是店员绩效管理制度,供参考。

规范名称	店员绩效管理制度		受控状态	
			编 号	
执行部门		监督部门	编修部门	

第1章 总则

第1条 目的。

为贯彻门店绩效管理制度,全面提高店员的工作绩效,推动门店快速发展,特制定本制度。

第2条 适用范围。

本制度适用于门店除以下员工之外的其他员工的绩效考核。

1.因公休、请假等原因,考核期间出勤率不足20%的员工。

2.试用期员工、实习员工和兼职工。

第3条 考核依据。

1.门店各项规章制度。

2.人力资源部提供的员工行政违纪记录和岗位违纪记录。

3.被考核者的上级主管部门提供的工作记录。

4.其他依据。

第4条 考核原则。

1.公正、公开、透明原则。

2. 客观考评原则。

3. 双向沟通原则。

第 2 章　绩效考核内容

第 5 条　考核周期。

对店员实行月度考核与年度考核相结合的考核方式,由人力资源部组织实施,各个部门配合完成。

第 6 条　考核方法。

对店员采取 KPI 关键指标与日常工作表现相结合的考核方法。

第 7 条　考核内容。

1. 对店员的考核,可量化分解为以下六个 KPI 指标:人效、产效、坪效、品效、客效和财效。

2. 在店员的绩效考核结果中,KPI 关键指标占 70%,日常工作态度占 10%,工作能力占 20%。

第 8 条　考核具体实施规定。

1. 人力资源部在考核周期规定的时间内组织对店员的绩效考核工作。

2. 具体考核实施细则参见门店各岗位绩效考核相关规定。

第 9 条　考核结果应用。

店员绩效考核结果将作为奖金发放、薪资调整、岗位调整、培训等的重要参考依据。

第 3 章　绩效考核实施

第 10 条　考核实施程序。

1. 考核初期,被考核者和上级主管双方在总结上期绩效的前提下,结合当期的门店经营特点,经过充分沟通,共同确定考核目标和要求。

2. 考核主管部门在考核期间内搜集各类考核资料,将其作为考核依据。

3. 考核者依据考核资料,对照考核量表,对被考核者进行客观、准确的评价。

4. 考核者在对被考核者进行评价后,应与被考核者进行考核沟通,确认考核结果。

5. 人力资源部对考核结果进行汇总、统计,并将考核结果记入相关人员或部门的绩效档案。

第 11 条　考核面谈。

被考核者上级需要采取直接面谈的方式与被考核者就绩效考核结果进行面谈。被考核者若对考核结果存在异议,可申请二次复议,复议通常由高一层领导实施。若二次复议的结果与原考核结果不一致的,则以二次复议的结果为准。

第 4 章　绩效考核结果

第 12 条　考核结果。

考核结果一般与员工的薪酬、奖金、职务升降、培训等事项挂钩。考核结果根据正态分布分为 5 个等级,具体如下所示。

1. A 级:特优,考核分数 90 分及以上。

2. B 级:优秀,考核分数 80 分及以上,90 分以下。

3. C 级:中等,考核分数 70 分及以上,80 分以下。

4. D 级:需要改进,考核分数 60 分及以上,70 分以下。

5. E 级:淘汰,考核分数 60 分以下。

第 13 条　月度考核结果运用。

月度考核结果作为门店员工月度绩效工资的发放依据,具体如下。

1.A 级:发放月绩效工资的 100%。

2.B 级:发放月绩效工资的 90%。

3.C 级:发放月绩效工资的 70%。

4.D 级:发放月绩效工资的 40%。

5.E 级:无绩效工资。

第 14 条　年度考核结果运用。

店员年度绩效考核结果作为其职位晋升及淘汰的依据。

1.连续两年绩效考核结果均为 A 级,作为晋升人选。

2.连续两年绩效考核结果均为 B 级以上,作为评优人选。

3.连续两年绩效考核结果均为 C 级以下,考虑辞退。

4.考核结果为 E 级,直接淘汰。

第 15 条　考核资料管理。

考核资料必须严格管理,考核一结束,人力资源部应该将涉及的表单、文件以月为周期于本部门内存档,并以年为单位将其送到档案管理部。

第 5 章　附则

第 16 条　编制单位。

本制度由人力资源部负责编制、解释与修订。

第 17 条　生效时间。

本制度自××××年××月××日起生效。

编制日期		审核日期		批准日期	
修改标记		修改处数		修改日期	

8.3

店长领导能力提升

　　一个优秀的团队离不开一个优秀的领导者,门店店长可通过提升自己内在的个人魅力,增强团队的凝聚力,把领导能力转化为影响能力,影响每一个店员心甘情愿和满怀热情地工作,有利于持续地提升业绩,为客户提供优质的服务,实现团队整体的目标。

8.3.1　打造店长个人魅力的方法

　　打造门店店长个人魅力主要是围绕领导魅力、专业魅力和人格魅力三个方面进行，从内到外地全方位提升自己的内在涵养和外在形象，有利于带领团队实现经营目标，提升团队凝聚力。打造门店店长个人魅力的方法如表 8-4 所示。

表 8-4　打造门店店长个人魅力的方法

方法	详细描述
提升管理能力	可通过参加培训、阅读管理类工具书、听取员工建议等方式,不断地全面提升自身的领导能力、协调能力、组织能力,才能有底气去领导和管理员工,才能让员工心服口服
树立阳光自信的形象	明确门店是服务的重要载体,员工在服务中的自信心是销售经营的重要保障,员工的自信心来源于店长。通过多微笑、穿着打扮得体大方等方式树立阳光自信的形象
公平公正,赏罚分明	明确内部矛盾的危害,内部矛盾主要是分配不均、赏罚不明引起的,通常会导致员工间互相猜忌、人心离散,影响员工积极性,严重降低整体的工作效率,因此店长在管理中一定要做到公平公正,赏罚分明,承诺员工的事一定要办到,保护每一位员工的利益,防止内部矛盾的发生
严于律己,承担责任	店长是门店的主心骨,不能懈怠与放纵,而是应该居安思危,不断发现市场需求变化、发掘新的需求,了解竞争对手的动向,制定相应的营销方案来应对竞争对手的攻势,在营销事故中要勇于承担责任
换位思考,关心员工	员工是门店经营管理中的重要资源,店长应换位思考,关注员工的不同层次需求,满足优秀员工的需求,为其他员工树立榜样,在员工生日时可提供礼品,送祝福语
不断尝试,坚持创新	店长应不断尝试,不断接受新思想,坚持创新管理方式和营销方式,在实践中检验自己的想法,不断复盘总结,形成特有的管理方式和营销方式

8.3.2　增强团队凝聚力的方法

店长增强团队凝聚力的方法如表 8-5 所示。

8.3.3　团建活动的开展步骤

团建活动可以帮助店长拉近与员工之间的距离，更多地了解员工的特点，增进团队感情和团队内部的凝聚力，促进店长与员工的交流和沟通，帮助团队提高工作效率，为店长之后的管理工作打下良好的基础。

表 8-5　店长增强团队凝聚力的方法

序号	方法	方法详情
1	共同利益，统一目标	店长在日常的管理中，应强调自身与门店员工的共同利益，找出共同利益，只有利益统一了，才能形成共同的奋斗目标，排除一切干扰因素，齐心协力开展经营工作
2	公平公正，按劳分配	公平是一个团队发展的基石，利益是团队成员工作的动力，店长应根据门店的经营情况，以公平公正、按劳分配为原则，科学合理设计员工的薪酬方案，切忌照搬其他门店的薪酬方案
3	纪律严明，制度管人	店长在日常管理中应逐步形成自己门店特有的管理制度。管理制度应包括考勤管理、活动经费管理、绩效管理、奖惩管理等。制度的可行性以每个员工都能自愿接受为标准，通过制度规范每一个员工的行为，让每一个行动都有据可依，通过制度纠正有害行为，防止纪律涣散，思想松懈
4	互相沟通，团队建设	店长应保证每天有足够的沟通时间，营造良好的沟通氛围，让员工畅所欲言，敢于、愿意、能够表达自己的建议和新的想法。店长对团队成员发言进行评价时要慎重，避免挫伤发言者或欲发言者的积极性，通过头脑风暴，让员工打开思路，也可以对其发言进行追问。定期开展团队建设活动，增进团队成员的感情

（1）团建活动的类型

① 玩乐型。以吃、喝、玩、乐为主要内容的团建形式，这种团建形式比较传统，如烧烤、聚餐等。这类团建活动可以营造十分轻松的氛围，帮助员工从工作中解脱出来，进行全身心放松，达到劳逸结合的目的。

② 学习型。以参观、游览和组织学习为主要内容的团建形式，参观、游览和组织学习的内容多是与工作无关的内容，如传统文化、特色民俗、航天科技等。这种团建形式可以帮助员工进行知识拓展，让员工感受到学习新事物的乐趣，但是可能会给一些员工带来少许压力。

③ 互动型。以集体游戏和团结协作为目的的团建形式，这种团建形式往往需要员工通过分组合作去进行比赛，或者解决一些问题，如剧本杀、接力跑、"两人三足"比赛等。这种团建形式比较注重互动性、团队性和竞争性，可以更容易让员工全身心投入，增加凝聚力。

④ 公益性。以参加公益活动为主要内容的团建形式，这种团建形式十分新颖，如植树、敬老院义工、爱心助学等。这种团建形式既是团队活动，也是对员工的提升，可以让员工感受到特殊的经历，留下难忘的记忆。

（2）团建活动的开展步骤及详细说明

团建活动的开展步骤及详细说明如表 8-6 所示。

表 8-6　团建活动的开展步骤及详细说明

序号	开展步骤	详细说明
1	确定目的、主题	① 根据团队人员情况,确定团建活动的目的 ② 根据目的列出至少三种团建活动的主题,通过员工投票确定最终的团建主题
2	确定时间、地点	① 选择天气比较适宜的时间开展活动,并提前关注天气信息,提醒员工做好相应的准备 ② 提前关注目的地的交通情况,确定出行方式
3	确定活动内容	① 根据团建活动的主题,选择几种与主题相符的活动内容 ② 准备好团建活动需要的物品,如需要员工自行携带的,要提前进行通知
4	确定活动流程	① 根据活动时间、活动内容与交通情况,确定团建活动的大致流程 ② 注意考虑到团建活动的实际情况,避免流程执行过于刻板
5	确定应急预案	① 对团建活动可能发生的紧急情况进行估计,制定应急预案 ② 做好安全防护的基础工作,尽可能确保团建活动安全无事故发生

8.3.4　企业文化的建立方法

企业文化,是企业的外在表现,包括企业愿景、企业精神、文化观、价值观、规章制度、文化环境等内容,其核心是价值观。企业文化可以增强员工的归属感,激发员工的创造力,凝聚员工的责任感。

企业文化最初的形成依赖于企业的创始人,而企业文化的建立则离不开员工,建立企业文化就是让一个又一个员工接触、了解、认同企业文化的雏形,最终形成统一的价值观。企业文化的建立方法和说明如表 8-7 所示。

表 8-7　企业文化的建立方法和说明

序号	建立方法	方法说明
1	通过传递接触	① 通过简易的物质形式,向员工传递企业文化的内容,物质形式主要有企业的标志、装修风格、内部陈设、办公区环境等内容 ② 通过企业的市场形象让员工了解企业的总体情况,向员工传递企业文化的内容

序号	建立方法	方法说明
2	通过感受了解	① 通过培训、学习或团建活动等方式让员工感受企业文化 ② 通过团队建设、团队氛围的营造向员工传递企业文化 ③ 通过企业的管理体系和管理原则,让员工感受到企业文化 ④ 通过企业组织机构的设立原则,让员工感受到企业文化 ⑤ 通过建立并完善企业的规章制度,让员工从规章制度中感受到企业文化
3	通过接纳认同	① 通过企业目标的实现,提升员工的认同感和荣誉感,让员工接纳企业文化 ② 通过企业对企业精神的贯彻和企业宗旨的奉行,让员工养成同样的精神与宗旨并接纳企业文化 ③ 通过让员工与企业价值标准与核心理念达成共识,让员工接纳企业文化

参考文献

［1］ 刘伟.导购人员岗位培训手册（实战图解版）.北京：人民邮电出版社，2015.

［2］ 洪冬星.客户服务管理工具大全.北京：人民邮电出版社，2014.

［3］ 王淑敏.收银人员岗位培训手册（实战图解版）.北京：人民邮电出版社，2015.

［4］ 黄宪仁.店长操作手册.3版.北京：电子工业出版社，2017.

［5］ 梁仙桃.优秀采购员岗位技能手册.北京：中国劳动社会保障出版社，2014.

［6］ 韩建国.仓储管理流程与节点精细化设计.北京：人民邮电出版社，2014.